Roger-Pol
Droit

Fünf Minuten Ewigkeit

101 philosophische
Alltagsexperimente

Aus dem Französischen von
Hainer Kober

Hoffmann und Campe

Die Originalausgabe erschien 2001
unter dem Titel »101 Expériences de
philosophie quotidienne« im Verlag
Éditions Odile Jacob, Paris.

12. Auflage 2002

www.hoffmann-und-campe.de
Schutzumschlaggestaltung: Büro Hamburg / Mareike Krause
Foto: photonica / Minoru Toi
Satz: Dörlemann Satz, Lemförde
Druck und Bindung: GGP Media GmbH, Pößneck
Printed in Germany
ISBN 3-455-09367-1

HOFFMANN
UND CAMPE

Ein Unternehmen der
GANSKE VERLAGSGRUPPE

Für Pessia,
in Erinnerung an morgen.

Inhalt

Einleitung

Alltägliche Abenteuer

Dieses Buch soll unterhalten. Das heißt, es möchte Wichtiges auf leichte Weise mitteilen. Pascal irrt, wenn er meint, wir müssten unterscheiden zwischen den ernsten Fragen, die all unsere Aufmerksamkeit und Energie verdienen, und den Belanglosigkeiten, die uns von ihnen ablenken. Das Belanglose gibt zu denken, das Lächerliche führt zum Ernsten, die Tiefe beginnt an der Oberfläche. Natürlich nicht immer und nicht unbedingt. Nicht jeder Unsinn enthält einen philosophischen Kern.

Doch es gibt banale Situationen, alltägliche Gesten, die wir ständig ausführen und die jederzeit zu Anlässen des Staunens werden können – jenes Staunens, das der Ursprung der Philosophie ist. Wenn wir akzeptieren, dass die Philosophie nicht reine Theorie ist, wenn wir zugestehen, dass sie aus eigentümlichen Haltungen gegenüber der Existenz erwächst, aus ungewöhnlichen Abenteuern, die Philosophen mit Gefühlen, Wahrnehmungen, Vorstellungen, Überzeugungen, Fähigkeiten und Ideen erleben, dann ist es durchaus möglich, sich Erfahrungen vorzustellen, die zu solchen Schlüsselreizen werden können.

Das Spiel besteht darin, die winzigen Auslösemechanismen zu provozieren. Wir müssen etwas tun, sagen, träumen, das uns zum Staunen bringt und uns die Doppelbödigkeit einer Frage bewusst macht. Es gilt, evozierende Mikroereignisse, minimale Impulse zu erzeugen. Spielerisch, an der Oberfläche der Dinge.

Jedes der folgenden Experimente muss wirklich ausgeführt werden. Sie können sie vergleichen, verändern und neue Experimente erfinden. Aber es ist unbedingt erforderlich, dass Sie sie in die Tat umsetzen, dass Sie die Auflösung des Eindeutigen erleben, die sich aus ihnen ergibt. Denn darum geht es, seit es Philosophen gibt: um die Verlagerung, den Schritt zur Seite, die Veränderung des Blickwinkels, egal wie begrenzt am Anfang, die uns ermöglichen, die Landschaft aus einer anderen Perspektive zu sehen.

Die im Folgenden beschriebenen Situationen sollen solche Anlässe vorschlagen. Auch verrückte, wenn es sein muss. Aber jedes Mal dazu bestimmt, etwas Eindeutiges, das wir für gesichert halten, zu verwischen: unsere Identität zum Beispiel, die Beständigkeit der Außenwelt oder auch die Bedeutung der Wörter. Diese werden dann eine andere Bahn beschreiben – die nicht zu den gleichen Schlüssen führt. Umso besser. Mir genügt es, für den Ausgangspunkt gesorgt zu haben.

Natürlich beruhen diese Experimente auf bestimmten Annahmen und Überzeugungen. So gehen sie von der Möglichkeit aus, dass das »Ich« jedes Mal ein anderer ist, die Welt eine Illusion, die Zeit nicht das, was sie scheint, die Sprache ein dürftiger Schleier über dem Unsagbaren, die Höflichkeit ein Aufschub der Grausamkeit, das Vergnügen eine Moral, Liebe und Zuneigung die einzige Perspektive. Niemand muss diese Voraussetzungen teilen. Wichtig ist nur, dass sich jeder von den Ausgangspunkten verführen lässt.

Und jede natürlich. Ich denke nicht, dass die Philosophie ausschließlich eine Sache der Männer ist, mag sie das auch einmal gewesen sein. Trotzdem habe ich auf den folgenden Seiten darauf verzichtet, systematisch »er oder sie« oder auch »LeserIN« zu schreiben, wende ich mich doch grundsätzlich an den Leser und die Leserin. Natürlich ist es den Leserinnen, wenn sie es denn wünschen, unbenommen, mein Versäumnis nachzuholen.

Am besten lässt sich die Absicht dieses Buches in einem kleinen Dialog zusammenfassen:

»Was wollen Sie damit?«

»Was Sie damit anfangen!«

1 Sich beim Namen nennen

Dauer: rund 20 Minuten
Material: ein stiller Platz
Wirkung: doppelt

Setzen Sie sich in einem ruhigen Zimmer, das möglichst wenig möbliert sein sollte, auf den Fußboden. Lassen Sie zunächst einige Augenblicke das Schweigen auf sich wirken, in der Gewissheit, dass Sie gleich sprechen und hören werden. Während Sie aufmerksam auf die kleinsten Geräusche lauschen, von denen Sie umgeben sind, sagen Sie sich, dass es mit diesem Frieden gleich vorbei sein wird. Bereiten Sie sich auf den Einbruch eines Wortes vor.
Sagen Sie nun mit lauter Stimme Ihren Vornamen. Sprechen Sie deutlich, wiederholen Sie den Namen, legen Sie Nachdruck in Ihre Stimme. Als würden Sie aus einiger Entfernung jemanden rufen, der nicht reagiert. Stellen Sie sich vor, Sie sprechen einen Bekannten an, der Sie nicht bemerkt hat. Jemanden, der sich auf der anderen Seite eines Feldes befindet oder auf einem Boot, während Sie am Ufer stehen. Oder als würden Sie von einem Haus zum anderen rufen.

Anfangs, die ersten fünfzehn oder zwanzig Male, haben Sie den Eindruck, ins Leere zu sprechen. Sie rufen jemanden, der auf eine absurde und lächerliche Weise nicht da, nicht erreichbar ist. Vergebens verlängern Sie die Vokale, sprechen die Silben unterschiedlich aus, es gelingt Ihnen nicht, daran zu glauben. Fahren Sie fort. Die Tür ist gut verschlossen.

Ganz allmählich gewinnen Sie den Eindruck, gerufen zu werden. Zunächst sehr undeutlich, kaum wahrnehmbar. Zögernd, unsicher. Lassen Sie sich auf dieses instabile Gleichgewicht zwischen Innen und Außen ein. Insistieren Sie, wiederholen Sie, rufen Sie sich noch etwa dreißig-, vierzigmal beim Namen, mechanisch, automatisch. Gewiss, es ist Ihre Stimme, aber es ist auch die des anderen, dort drüben. Sie haben ihn gerade bemerkt.

Ihre Stimme hat sich nicht verdoppelt. Sie selbst natürlich auch nicht. Trotzdem haben Sie das Gefühl, doppelt zu sein, irgendwie gespalten in Ihrem Inneren. Zweifellos sind Sie es, der ruft, aber Sie wissen nicht wer. Zweifellos sind Sie es, der gerufen wird, aber Sie wissen nicht, von wo. Selbstverständlich wissen Sie, dass es in beiden Fällen Sie sind, und »Sie«, so nehmen Sie an, ist nur eine Person. Das wissen Sie sogar, und alle Welt ist sich darin einig mit Ihnen. Doch das ist keineswegs das, was Sie fühlen. Ganz genau wissen Sie, dass »Sie« und »Sie« nur eine Person sind, aber Sie empfinden das nicht mehr

ungebrochen, selbstverständlich. Der, der ruft, ist derselbe, und nicht derselbe, der gerufen wird.
Das Experiment besteht darin, dieses Spiel von drinnen und draußen, rufen und gerufen werden, noch einige Augenblicke zu verlängern. Spüren Sie so lange wie möglich, wie ungewöhnlich dieser Vorname ist, den Sie kennen, mit dem Sie sich aber nicht anreden können, ohne sich als ein anderer zu fühlen. Denn natürlich nennen nur die anderen Sie bei diesem Namen, Sie selbst normalerweise nicht. Setzen Sie Ihr Rufen in regelmäßigen Abständen fort. Hin und wieder sollten Sie sogar schreien. Ziel ist es, diese leichte, nicht notgedrungen unangenehme Unstimmigkeit hervorzurufen, die sich einstellt, wenn sich das Ich vom Ich löst. Verharren Sie einen Augenblick in dieser Situation, während Sie leichter Schwindel erfasst.
Und wie kommt man wieder heraus? Wie schließt man die Lücke, verklebt die Ränder?
Sagen Sie einfach laut und deutlich, so natürlich wie möglich: »Ja, ich komme!«

2 Ein Wort seines Sinnes entleeren

Dauer: 2 bis 3 Minuten
Material: was zur Hand ist
Wirkung: sinnentfremdend

Es kann irgendwo und irgendwann sein. Wiederum genügt es, dass Sie sicher sind, nicht gehört zu werden. Besser wäre es auch, wenn Sie während des Experiments nicht gestört werden könnten, damit Sie keine Angst haben müssen, sich lächerlich zu machen. Wenn Sie allein sind, ist das Experiment unproblematisch, aber dabei beobachtet und zum Gespött zu werden, könnte das gewünschte Ergebnis beeinträchtigen.

Suchen Sie sich also einen Ort, wo Sie niemand hört. Nehmen Sie, was Sie zur Hand haben, einen alltäglichen Gegenstand, einen Bleistift, eine Uhr, ein Glas oder auch eines Ihrer Kleidungsstücke, Knopf oder Gürtel, Tasche oder Schuhband. Es spielt keine Rolle. Ein ganz banaler Gegenstand genügt. Seine Bezeichnung ist vertraut, sein Vorhandensein alltäglich. Diesem Gegenstand entspricht seit jeher ein Wort, immer dasselbe, selbstverständlich, normal.

Nehmen Sie also dieses kleine harmlose Ding, von dem weder Fremdheit noch Gefahr ausgeht, in die Hand. Betrachten Sie es und wiederholen Sie mehrfach seine Bezeichnung. Schauen Sie beispielsweise fest auf den Bleistift, den Sie zwischen den Fingern halten, und sagen Sie unablässig: »Bleistift«, »Bleistift«, »Bleistift«, »Bleistift«, »Bleistift«, »Bleistift«, »Bleistift«, »Bleistift«, »Bleistift«, »Bleistift«. Sie können ruhig fortfahren. Nach kurzer Zeit löst sich das vertraute Wort auf oder schrumpft zusammen. Sie vernehmen nur noch eine Folge fremdartiger Laute. Eine Reihe absurder, bedeutungsloser Geräusche, die nichts benennen, keine Sache mehr bezeichnen und sinnlos sind, zu glatt oder zu grob.

Sicher kennen Sie das Spiel aus Ihrer Kindheit. Auf diese Weise haben wir fast alle erlebt, wie brüchig das Band zwischen Worten und Dingen ist. Wenn man es verdreht oder in die Länge zieht, ist dieses Band keineswegs mehr direkt. Es verheddert sich oder reißt. Das Wort vertrocknet und zerbröselt. Die zersplitterte Hülse einer klangvollen Nichtigkeit.

Was mit dem Gegenstand geschieht, ist nicht weniger erstaunlich. Es hat den Anschein, als würde seine Stofflichkeit dicker, dichter, gröber werden. Wenn er aus dem feinen Netz der vertrauten Worte fällt, ist er in seiner unbenennbaren Fremdheit präsenter und anders.

Wiederholen Sie das alte Dissoziationsspiel. Versuchen Sie zu beobachten, wie sich die Bedeutung verflüchtigt, wie sich jenseits der Wörter die spröde Wirklichkeit zeigt. Die raue Schale unter der Prosa. Wiederholen Sie mehrere Male hintereinander dasselbe Wort für dieselbe Sache, lösen Sie jeglichen Sinn auf. Ist es nicht wunderbar? Erschreckend? Merkwürdig? Wenige Augenblicke genügen, um das dünne Häutchen rissig werden zu lassen, auf dem wir uns eingerichtet haben, zufrieden, die Dinge beim Namen nennen zu können.

3 Vergeblich nach dem »Ich« suchen

Dauer: unbestimmt
Material: keines
Wirkung: auflösend

Es ist eines der Wörter, die Sie am häufigsten verwenden. Im Laufe des Tages kommt das Wort »ich« in fast allen Ihren Sätzen vor. Schon in frühester Kindheit haben Sie aufgehört, sich beim Vornamen zu nennen. »Ich« ist das Wort geworden, durch das Sie Ihre Wünsche, Enttäuschungen, Vorhaben und Hoffnungen, Ihre unterschiedlichsten Handlungen, Ihre körperlichen Empfindungen, Ihre Krankheiten, Freuden und Pläne, Ihre Ressentiments, Ihre Zärtlichkeit, Ihre Vorliebe für Vanille und Ihre Abneigung für Fenchel zum Ausdruck bringen. Seit langer Zeit haben Sie dieses kurze Wort mit Ihren jeweiligen Gemütszuständen verknüpft. Eng ist es mit Ihren Gefühlen und Erinnerungen verzahnt. Ohne »ich« scheint gar nichts zu gehen. Es findet sich in allen Ihren Erzählungen und Urteilen. Nicht die geringste Entscheidung, die geringste Grübelei entgeht ihm.

Was für eine merkwürdige Situation: Alle Welt bedient sich desselben Wortes. Die höchste Intimität, der singulärste Aspekt der Existenz ist für einen jeden von uns mit einem Wort verknüpft, das er weder gewählt noch geprägt hat und das von allen anderen in gleicher Weise verwendet wird. Ein Pronomen unserer Sprache. Nichts ist weniger persönlich als dieses »persönliche« Fürwort. Die Existenz, auf die es sich bezieht, bleibt, sprachlich gesehen, vollkommen austauschbar. Jeder Beliebige könnte es sein, der da beteuert »Ich bin zufrieden« oder »Ich bin traurig«. Jeder ist anders als alle anderen und bezeichnet sich selbst doch mit einem Wort, das alle anderen verwenden. Eine höchst paradoxe Situation. Doch daran denken Sie nicht, genauso wenig wie alle anderen. Schließlich haben Sie Wichtigeres zu tun, als sich mit solchen Fragen herumzuschlagen.

Versuchen Sie trotzdem herauszufinden, wo sich dieses »Ich« befindet. Existiert es überhaupt? Wie findet man es? Woran erkennt man es? Wenn Sie versuchen, diese Fragen zu stellen und sie ehrlich zu beantworten, werden Sie feststellen, dass es nicht leicht ist, das »Ich« ausfindig zu machen und in seiner Echtheit zu bestätigen.

Es handelt sich um kein kurzes Experiment, das leicht abzugrenzen ist. Ganz im Gegenteil, es könnte eine langwierige Angelegenheit werden. Dazu brauchen Sie Zeit, verschiedene Gelegenheiten, eine gewisse Ausdauer und Beharrlichkeit. Wo ist also die Evidenz, die wir »Ich« nennen? Stellen Sie sich auf eine längere Suche ein, an diversen Orten und unter verschiedenen Blickwinkeln. Sehr wahrscheinlich werden Sie am Ende mit leeren Händen dastehen. Das ist der Punkt, wo die Sache interessant wird.

Sie sollten bei Ihren Versuchen den Körper nicht vergessen. Ist das singuläre und den anderen doch so ähnliche »Ich« nicht einfach dieser Körper mit seinen Gewohnheiten und Schwächen, seinen Anfälligkeiten und Besonderheiten? Trotzdem werden Sie das »Ich« niemals in Ihrem Körper entdecken. Keine Ihrer Zellen lebt länger als zehn Jahre. Kein Element Ihres Körpers ist dasselbe geblieben. Was also nennen Sie »Ich«? Die Form? Den Aufbau des Ganzen? Die Organisation? Bleibt klassischerweise das Denken. Alles verändert sich, aber nicht Ihre Erinnerungen, Ihr Bewusstsein, derselbe zu bleiben, identisch, trotz des Wandels. Doch auch hier werden Sie des »Ichs« nicht habhaft werden. Immer finden Sie nur Gedanken, Vorstellungen, Erinnerungen, Ideenassoziationen oder Wünsche, die beeinflusst sind von dem, was Sie »Ich« nennen.

Bei all diesen Empfindungen und Überlegungen scheint »Ich« der gemeinsame Nenner zu sein. Doch es ist weder das Gerüst noch der Antrieb des Ganzen. Lediglich eine vertraute Melodie. Eine gemeinsame Eigenschaft höchst unterschiedlicher Gedanken und Empfindungen. Fast wie eine Farbe oder ein Geruch. Eine bestimmte Art, in Erscheinung zu treten. Möglicherweise ein Stil. Nichts anderes. »Ich« ist weder etwas noch jemand. Trotzdem ist es mehr als nur ein Wort. Offenbar ist es eine Art Kehrreim, eine Gewohnheit, eine sekundäre und relative Eigenschaft.

Wenn es Ihnen gelingt, dieses Experiment zum erfolgreichen Abschluss zu bringen, müssen Sie wissen, was Sie anschließend mit dem Ergebnis anfangen wollen. Welche Auswirkung kann dieser überraschende Befund auf Ihr Leben haben? Wie kommen Sie zurecht mit dieser Fahnenflucht des »Ich«? Das ist eine andere Geschichte.

4 Die Welt zwanzig Minuten dauern lassen

Dauer: 21 Minuten
Material: eine Welt und eine Uhr
Wirkung: erschreckend oder beruhigend

Die Vergangenheit nistet sich ein. Selbst in den nichtigsten Gesten ist sie zugegen. Sie schleicht sich in die Gedanken, sogar in die, die scheinbar nichts mit ihr zu tun haben. Auch die Zukunft mischt sich in jedes Vorhaben ein. Bei jeder noch so belanglosen Planung ist sie mit von der Partie.
Was geschähe, wenn wir – auch nur fiktiv, ansatzweise, im Spiel – versuchten, diesen unerträglichen Zwang abzuschütteln? Stellen wir uns also, soweit möglich, vor, die Vergangenheit hätte nie stattgefunden und die Zukunft gäbe es nicht. Versuchen wir uns einzubilden, dass diese Welt, so wie sie ist, nur eine Dauer von zwanzig Minuten hätte. Sie ist in diesem Augenblick, in ihrer jetzigen Form, uns eingeschlossen, entstanden. Noch vor einer Minute gab es sie nicht. Alles, was die Welt derzeit an Zeugnissen, antiken Ruinen, Bibliotheken, Denkmälern, Ar-

chiven, nahen oder fernen Erinnerungen enthält, ist zur gleichen Zeit erschienen. Die Archive sind vorhanden, die Zeitzeugen ebenfalls, doch die Vergangenheit, von der sie berichten, hat nie anders als in diesem Augenblick existiert.

Diese Welt – unendlich, vielfältig, mannigfaltig – besitzt eine Lebensdauer, die genau auf zwanzig Minuten beschränkt ist. Keine ungeheure Explosion, kein kosmischer Kataklysmus. Kein alles verschlingendes Feuer, kein Weltenbrand. Nichts als ein plötzliches Verlöschen. So wie eine Seifenblase platzt, ein Licht ausgeht.

Richten Sie sich ein in dieser Welt von zwanzig Minuten. Vergegenwärtigen Sie sich, wie sehr Sie einerseits mit der unseren identisch ist – gleiche Ausdehnung, gleicher Himmel. Kein Gegenstand ist anders. Dieselben Menschen tun dieselben Dinge. Und trotzdem – es ist keineswegs dasselbe Universum. Dieser Welt fehlt die Tiefe einer richtigen Vergangenheit und die Perspektive einer vorstellbaren Zukunft. Sie mag zwar identisch erscheinen, trotzdem unterscheidet sie sich durch ihre zeitliche Begrenztheit radikal von der unseren. Bevor dieses flüchtige Universum vollkommen verschwunden ist, sollten Sie, der Sie die Illusion haben, es habe eine andere Wirklichkeit gegeben und werde sie geben, zu begreifen suchen, wie sehr sich Ihr Denken von dieser eng befristeten Existenz unterscheidet. Je stärker Sie

die Kluft und den Abstand empfinden, desto klarer wird Ihnen, welche Bedeutung die Tiefen der Vergangenheit und die Horizonte der Zukunft für uns haben.
Rückt dann die schicksalhafte Frist näher, sollten Sie zumindest ansatzweise die dumpfe Angst verspüren, das alles könnte tatsächlich verschwinden.
Wahrscheinlich wird nichts dergleichen passieren. Sie können also in der einundzwanzigsten Minute die gegenstandslose Furcht abschütteln. Bemühen Sie sich, die Erleichterung zu genießen, dass die Welt fortdauert.
Vielleicht verspüren Sie anschließend, ganz fern und schwach, den Anflug eines Bedauerns, dass wirklich alles so geblieben ist, wie es war.
Schlechter Verlierer …

5 Die Sterne unten sehen

Dauer: 30 bis 60 Minuten
Material: Sternenhimmel
Wirkung: kosmisch

Nach Möglichkeit eine wolkenlose Sommernacht. Am besten ist es, wenn Sie einen Garten, ein trockenes Plätzchen zum Hinlegen und etwa eine Stunde Zeit haben.

Da liegen Sie nun auf dem Rücken und betrachten die Sterne, ihre reglose Zahl, ihre unbegreiflichen Räume. Sie fühlen sich in der tröstlichen und geheimnisvollen Gegenwart der Nacht zugleich eingeschüchtert und gelassen.

Hier stimmt jedes Klischee: das Sternenzelt, die laue Nacht, die funkelnde Pracht, neben der sich der Mensch ganz klein fühlt. Alle Gemeinplätze sind berechtigt. Haben Sie keine Scheu, sich ihnen zu überlassen, waten Sie bis zum Bauch in ihnen.

Warten Sie, bis sich das Gefühl einstellt, an den Boden genagelt zu sein, fast erdrückt von der Unermesslichkeit, ein winziger Punkt und darüber das Unendliche.

Das Experiment besteht darin, das Universum kip-

pen zu lassen. Nach und nach überzeugen Sie sich davon, dass die Sterne, die Sie vor Augen haben, unter Ihnen liegen. Sie selbst hängen über ihnen. An die Erde sind Sie durch eine unwiderstehliche Kraft gefesselt. Der unermessliche Himmel ist unten. Sie fliegen über einem Sternenabgrund und laufen Gefahr, ins Unendliche hineinzufallen.
Das gelingt nicht auf Anhieb. Sie müssen die Situation auf sich wirken lassen, ihr mit schwebender Aufmerksamkeit, nicht mit gezielter Anstrengung begegnen. Der Vorgang ähnelt dem Betrachten dreidimensionaler Bilder. Sie schauen auf ein zweidimensionales Blatt und sehen Zeichen, die nicht nur ohne Tiefe, sondern auch unverständlich sind. Es gilt, das Warten auszuhalten. Und plötzlich kippt alles.
Wirklich und wahrhaftig haben Sie das Gefühl, darüber zu sein.
Es genügt ein Nichts, ein Hauch, eine kurze Unterbrechung der Gravitation, ein Augenblick der Unaufmerksamkeit vielleicht, und Sie treiben ganz langsam davon, zwischen Erde und Nichts, über dem Abgrund des Himmels.
Seien Sie vorsichtig, wenn Sie aufstehen, und achten Sie auf Ihre Schritte.

6 Eine Landschaft wie eine zweidimensionale Leinwand sehen

Dauer: 20 bis 30 Minuten
Material: eine stille Landschaft
Wirkung: überraschend

Das Meer oder eine ländliche Gegend, möglichst stadtnah. Eine relativ einfache Landschaft, nicht allzu vielfältig, fast gleichförmig. Wenig Kontraste in den Farben, wenig Gegensätze in den Formen.

Schauen Sie die Landschaft an, aber betrachten Sie sie nicht. Fassen Sie nichts ins Auge. Es gibt nichts, was Ihr Blick einer näheren Prüfung unterziehen müsste. Er macht nirgends Halt, sondern gleitet über alles hinweg, bleibt fern, ein bisschen unscharf. Wie ihn nichts festhält, so zieht ihn auch nichts an. Keine Unebenheit, fast keine Form. Schließlich werden Sie den Eindruck gewinnen, dass sich alles auf einer Ebene befindet, ohne Relief, vollkommen plan – wie ein Bild. Das kann lange dauern oder ganz schnell gehen. Das hängt von Ihnen, Ihrer Stimmung und der Landschaft ab.

Sobald Sie das Ganze als eine einzige, glatte Fläche

ohne innere Spannung wahrnehmen, kann das Experiment beginnen. Stellen Sie sich vor, dass alles, was Sie sehen, vom Himmel bis zum Erdboden, bewegt oder unbewegt, nur auf einer weit gespannten, gewaltigen Leinwand in Erscheinung träte. Ein riesiger, »totaler« Bildschirm, feinkörnig, mit idealer Auflösung.

Wenn Sie den Punkt erreicht haben, wo Ihnen alles wie eine farbige Leinwand erscheint, die sich kaum bewegt, wie einer dieser alten Breitwandfilme, können Sie sich vorstellen, die Leinwand würde sich zusammenfalten. Und während sich der riesige Vorhang mit der Landschaft aufrollt, sehen Sie, dass er ganz langsam etwas anderem Platz macht.

In welcher Richtung? Nach oben? Nach unten? Schräg? Seitwärts, senkrecht? Wie es Ihnen gefällt.

Entscheidend ist, dass Sie die Existenz einer Welt spüren, die sich zusammenfaltet. Es gilt, in der ängstlichen Erwartung dessen zu verharren, was es dahinter zu entdecken gibt. Sie müssen sich dort nicht unbedingt tiefe Nacht, glühendes Feuer oder einen Abgrund vorstellen. Nichts dergleichen. Entdecken Sie, dass die Welt jederzeit ins Rutschen kommen, ausbrechen, ihre Gewissheit einbüßen kann. Entscheidend ist, dass Sie angesichts der Landschaft eine leichte Beunruhigung empfinden.

Bevor sich der Vorhang gehoben hat, können Sie das Experiment abbrechen und eine Pause machen.

Aber Sie werden sich in Zukunft nicht mehr mit solchen Kunststücken aus der Affäre ziehen. Der Vorhang wird Ihnen nicht mehr gehorchen. Die Faktizität der Wirklichkeit hat unwiderruflich Schaden genommen, die Evidenz der Welt beginnt sich zu zersetzen. Alles kann geschehen, überall, jederzeit, aus heiterem Himmel.

7 Etwas verlieren – und vergessen, was

Dauer: unvorhersehbar
Material: egal
Wirkung: beklemmend

Für alles Mögliche kann man Vorbereitungen treffen, aber niemals für das Verlieren oder das Vergessen. Dieses Experiment lässt sich also nicht planen. Die beiden entscheidenden Versuchsbedingungen muss der Zufall zusammenbringen.

Sie sollten einen Gegenstand verloren haben, einen belanglosen oder wichtigen, bereits wissen, dass er Ihnen abhanden gekommen ist, dürfen aber nicht in der Lage sein, sich ins Gedächtnis zu rufen, worum es sich handelt. Sie müssen also – was zwar selten, aber nicht unmöglich ist – einen doppelten Verlust erlitten haben: den einer Sache und den einer Erinnerung.

Sie wissen, dass Ihnen eines Ihrer vertrauten Besitztümer abhanden gekommen ist, vielleicht auch etwas, das man Ihnen anvertraut hat, ein Dokument, für das Sie verantwortlich sind, egal … es fällt Ihnen aber nicht ein, worum es sich handelt.

Im Augenblick haben Sie nur das unbestimmte Gefühl, dass in der Kontinuität der Dinge eine Lücke klafft, ohne sie indessen identifizieren zu können, indem Sie ihr genauere Umrisse verleihen. Sie geraten unaufhaltsam ins Schleudern, verspüren die doppelte Unruhe, etwas vergessen zu haben und nicht einmal mehr zu wissen, worum es sich bei dieser Sache ohne Identität handelt – das etwa sollte Ihre Befindlichkeit sein.

Betonen wir noch einmal, dass der Fall selten ist und nicht willentlich herbeigeführt werden kann. Sie können nur geduldig abwarten, bis diese wenig wahrscheinliche Bedingung erfüllt ist – und sich auf ihr mögliches Eintreten vorbereiten. Sie ist nämlich doch häufiger, als man glaubt. Gewöhnlich sind das Augenblicke, die man vor sich selbst verbirgt. Man vergräbt sie, bedeckt sie mit Sand. Sie verschwinden in dem leuchtenden Staub der alltäglichen Nichtigkeiten, wie die schwebenden Teilchen, die man nur in einem Lichtstrahl aufschimmern sieht.

Hier geht es aber nun darum, auf diese Augenblicke zu warten und ihnen ungeteilte Aufmerksamkeit zu schenken. Wenn Ihnen zufällig ein solches Ereignis widerfährt, besteht das Experiment darin, sich in der Merkwürdigkeit dessen einzurichten, was Sie empfinden. Es handelt sich nicht um Bedauern, weil es keinen Inhalt gibt, der dem Bedauern als Anlass dienen könnte. Es ist auch nicht Scham, keine vage

oder schwer verständliche Verlegenheit. Es ist ein Gefühl, das zugleich verschwommener und schlimmer ist. Sie haben das Vergessen vergessen und das »unbestimmte« Wissen, dass ein Vergessen stattgefunden hat. Doch was ist ein unbestimmtes Wissen? Gibt es das überhaupt? Wie soll man es nennen? Wie kommt es zu dieser schiefen Perspektive auf die Zeit? Als würde man sich selbst von außen sehen, aber von der Seite, unzulänglich, aus einem verzerrten Blickwinkel, mit geschwächter Sehkraft.
Dann werden Sie möglicherweise von dumpfer Furcht vor einem unwiderbringlichen Verlust ergriffen, die sich plötzlich äußert, ohne dass Sie genau sagen könnten, was ihr Gegenstand ist. Um Genaueres zu erfahren, können Sie, je nach Gefallen, Bücher über Geisteskrankheit oder Mystik lesen.

8 Wissen, wo man am Morgen war

Dauer: unterschiedlich
Material: keines
Wirkung: verunsichernd

Ein Experiment für Überlastete. Für erschöpfte Reisende, Manager, die unter Druck stehen, gestresste Entscheidungsträger, für alle, die sich zu viel zumuten.
Der Tag sollte schon ein bisschen fortgeschritten oder sehr chaotisch sein. Er kann auch auf eine Reihe von Tagen mit übervollem Terminkalender, Ortswechseln und Unruhe folgen. Kurz, um dieses Experiment durchzuführen, muss Sie die Häufung der Aufgaben und Pflichten an den Rand der Erschöpfung geführt haben. Wählen Sie den Augenblick, wo Sie endgültig das Gefühl haben, dass Ihnen alles über den Kopf wächst. Die Dinge laufen aus dem Ruder. All die Fäden in der Hand zu behalten, übersteigt Ihre Kräfte.
Wenn Sie diesen Zustand von Anspannung, Erschöpfung und Nervosität erreicht haben, in dem Sie das Gefühl haben, dass es nicht mehr weitergeht,

ist das Experiment sehr einfach. Fragen Sie sich: Wo war ich heute Vormittag? Auch andere Spielarten sind möglich. Wie lautete der erste Satz, den ich heute gehört habe? Was war mein erster Termin? Mit wem habe ich die Nacht verbracht? (Und so fort, je nachdem, was für eine Art Leben Sie führen.)
Viele Menschen können diese Fragen wie aus der Pistole geschossen beantworten. Sie wissen sofort, wo sie wach geworden sind, was Sie gegessen, gesagt, gelesen, gehört und was für Leute sie getroffen haben. Fragen wie diese sind ohne Interesse, wenn man in der erzwungenen Eindeutigkeit lebt, die die Wiederholung, die Eintönigkeit der Stunden und das Gleichmaß der Tage mit sich bringen. Dann weiß man die Antwort sofort, weil es heute war wie gewöhnlich und wie immer. Das Büro, das Kaufhaus, der Bauernhof, die Fabrik. Immer das Gleiche.
Für die anderen, die Nomaden, die Überflieger, die Spurwechsler, ist nicht immer so klar, wo sich der Faden befindet, den es aufzunehmen gilt. Wenn die Konferenzen, Entscheidungen, Ortswechsel einander endlos ablösen, kann es unter Umständen sehr schwierig sein, anzugeben, was man vor ein paar Stunden getan hat. Wichtig ist nicht, ob Sie es vergessen haben oder sich erinnern. Es ist der Augenblick des Zögerns. Er ist Gegenstand des Experiments. Einige Sekunden, ein paar Minuten. Sie sind verunsichert, zögern, wissen nicht mehr, was in Ih-

rem eigenen Leben vor so kurzer Zeit passiert ist. Sie zweifeln nicht daran, dass Ihr Körper irgendwo gewesen ist, Sie sind davon überzeugt, dass er sich daran erinnert, dass Sie gleich auf die Antwort kommen werden. Und doch, es dauert seine Zeit, die Kontinuität will sich nicht herstellen, Sie stehen noch immer neben sich, von Ihrer eigenen Zeit getrennt. Natürlich wissen Sie, dass Sie es waren, dass es diesen Augenblick, diesen Satz, dieses Erwachen gegeben hat. Trotzdem, zumindest im Moment will es Ihnen nicht einfallen; Sie dringen nur bis zum Rand jenes Augenblickes vor, die Vergangenheit weist Löcher auf, und das beunruhigt Sie. Denn selbstverständlich glauben Sie an die Kontinuität dieser Vergangenheit.

9 Sich einen kurzen Schmerz zufügen

Dauer: einige Sekunden
Material: keines
Wirkung: Rückkehr auf die Erde

Sie langweilen sich. Die Vorstellung will kein Ende nehmen. Die Vorlesung ist ohne Interesse. Sie erwarten einen Anruf, der nicht erfolgt. Oder Sie wissen nicht, was Sie tun sollen, und zögern. Die Welt verschwimmt in einer Art Nebel. Sogar Sie selbst scheinen an Stofflichkeit zu verlieren, als büßte Ihre Substanz die klaren Konturen ein, als löste sie sich an den Rändern in ihrer Umgebung auf. Es könnte auch sein, dass Sie immer nebulöser, milchiger, leichter werden. Sie wissen nicht mehr genau, wer Sie sind und wo Sie sind. Die Langeweile beginnt, Sie aufzulösen.

Kneifen Sie sich. Heftig, kräftig. An einer Stelle, wo es weh tut. Zum Beispiel am Innenarm, dem Hals, der Leiste. So sehr, dass Sie schreien möchten, was Sie dann aber doch unterlassen. Handeln Sie rasch, um Ihren Widerstand zu überwinden. Lassen Sie sich weder die Zeit, den Schmerz zu empfinden, noch sich auf ihn vorzubereiten. Versuchen Sie sich zu überraschen. Tun Sie Ihr Möglichstes, um sich vor vollendete Tatsachen zu stellen, es so einzurichten, dass Sie sich nicht kommen sehen. Der Schmerz muss Sie wie aus heiterem Himmel packen, wie ein Unfall, wie eine unvermutete Begegnung. Er muss über Sie hereinbrechen und ihre Lethargie scharf und stechend zerreißen.

Ist das Ereignis gewaltsam genug, so ist der Erfolg garantiert: Sie finden in die Wirklichkeit zurück, Ihr Körper wird Ihnen zurückgegeben, Sie wissen, wo Sie sind, die Wirkung des Nebels verflüchtigt sich, Sie treten aus der Langeweile hinaus, Sie sind wieder in der Welt.

Bleibt nur eine Frage, über die es nachzudenken gilt: Warum kann Ihnen das Leiden den Zugang zur Wirklichkeit wieder eröffnen? Ist es die Erinnerung? Der unvermittelte Kontrast? Oder hat sich im Laufe der Jahrtausende eine Lebensweise etabliert, bei der der Schmerz zum beherrschenden Merkmal der Welt geworden ist? Eine schmerzliche Frage.

10 Sich ewig fühlen

Dauer: unbegrenzt
Material: keines
Wirkung: erholsam

Unsere Ewigkeit ist keine Glaubenssache, sondern eine Tatsache. Auf jeden Fall lässt sie sich als eine Wirklichkeit erfassen, die nicht nur durch logische Argumente zu beweisen, sondern auch wahrnehmbar ist. Man muss sie nicht durch eine lange Folge abstrakter Denkprozesse ableiten. Sich ewig zu fühlen, können Sie selbst erleben. Auch wenn es Ihnen absurd erscheint, versuchen Sie es!

Stellen Sie sich die Reise zur Wahrnehmung des Ewigen wie einen Weg ins Innere Ihres Körpers vor. Die Haut ist in der Zeit, ist Peripherie, der äußere Kreis. Auch das Herz ist noch in der Zeit, vorwärts treibend und vorwärts getrieben, genauso wie die Lunge und der Magen. Sie alle sind ihren eigenen Rhythmen unterworfen. Erst dahinter, noch weiter drinnen, ist der Raum ohne Zeit. In diesem reinen Raum, jenseits des Blickes, können Sie beobachten, wie sich die Zeit löst, ablöst von Ihnen und den Dingen und wie eine Schale in die Ferne rollt.

Wären Sie dort, sähen Sie Ihre eigenen Gedanken vorbeiziehen, ohne zu bleiben oder Spuren zu hinterlassen, Sie sähen die Bewegung aller Dinge in der Gegenwart, in einer ausgedehnten, vergrößerten Gegenwart, aufgebläht zu den Dimensionen des Universums.

Das Experiment besteht darin, den oberflächlichen Charakter der Zeit von innen zu erleben. Zunächst verblüfft, dann immer selbstverständlicher können Sie spüren, dass der innerste Kern, der Ihre Existenz ausmacht, nichts mit den geordneten Schritten zu tun hat, in denen die Zeit abläuft. Sie betrachten sie. Sie begleiten sie. Aber Sie sind nicht in sie einbezogen. Davon müssen Sie sich jedenfalls überzeugen.

Es geht nicht darum, dass Sie am Ende glauben, dass es sich wirklich so verhält. Entscheidend ist, dass Sie, wenn auch nur flüchtig, den Eindruck haben, es sei wahr. Es spielt keine Rolle, dass wir in Wirklichkeit vergänglich sind. Wenn wir inmitten dieses unaufhörlichen Flusses, dieses endlosen und diskontinuierlichen Dahinströmens der Stunden wenigstens einmal die aufrichtige Überzeugung gewinnen, ewig zu sein, dann entrinnen wir der Zeit. Die Illusion genügt.

Mehr ist zu diesem Experiment nicht zu sagen. Die eigentliche Schwierigkeit besteht darin, es zu verstehen. Und bis zur Klarheit durchzuhalten.

11 Per Zufall telefonieren

Dauer: 20 bis 30 Minuten
Material: eine Telefonleitung
Wirkung: humanisierend

Nehmen Sie den Hörer ab. Wählen Sie eine Nummer. Egal, was für eine, versuchen Sie, sie sich weder bewusst zu machen noch die Wahl zu beeinflussen. Tippen Sie blindlings auf das Tastenfeld und warten Sie ab, was passiert. Anfangs ist das Experiment meist enttäuschend. Besetztzeichen, falsch verbunden, Schweigen, nichts. Sackgassen. Nur mit sehr viel Glück sind Ihre ersten Versuche erfolgreich. Das Telefon verweigert sich dem Zufall. Folglich müssen Sie die Sache ein bisschen organisieren, dem Zufall auf die Sprünge helfen.

Begrenzen Sie als Erstes die Zahl der Ziffern, die Sie wählen, indem Sie berücksichtigen, in welchem Land Sie sich befinden, wie lang die Vorwahl ist, wohin Sie telefonieren möchten. Dabei haben Sie die Wahl zwischen Inlandsanrufen und der ganzen Welt (je nach Stimmung, Sprachkenntnissen und Geldbeutel).

Es handelt sich hierbei natürlich nicht um einen Scherz, nicht um einen jener Telefonstreiche, wie sie

alle Jugendlichen der Welt machen. Das ist übrigens auch das Erste, was Sie Ihrem Gesprächspartner klar machen müssen. »Ich rufe Sie per Zufall an. Könnten Sie mir sagen, wer Sie sind?« So könnte Ihr erster Satz lauten. Sie sollten den anderen davon überzeugen, dass es sich nicht um einen Scherz handelt.
Was folgt, lässt sich nicht vorhersehen. Sie hören nur noch das Klicken, mit dem der Hörer aufgelegt wird, oder beginnen eine vollkommen unwahrscheinliche Unterhaltung mit der Telefonistin eines Unternehmens für Stahlträger in Manchester. Entweder man beschimpft Sie oder Sie knüpfen eine seltsame, halb anonyme Beziehung zu jemandem, der Ihnen noch eine Sekunde zuvor unbekannt war.
Das Experiment hat nicht das Ziel, neue Freunde zu gewinnen oder Frauen anzubaggern. Was nicht verwerflich wäre, aber nicht der Zweck des Unternehmens ist. Vielmehr sollen Sie spüren, wie *dicht* das menschliche Universum ist, zugleich ganz nah und unendlich. Per Zufall telefonieren ist der Ausgangspunkt für Miniabenteuer in die Unabsehbarkeit. Winzige Odysseen. Plötzliche Unbehaustheiten, Risse im festen Gefüge des Alltags, Lücken der Fremdheit. Sie brauchen nur aufzulegen, um wieder zu Hause anzukommen. Aber nicht sofort. Stets hängt noch ein Hauch von Anderswo in der Luft. Oder ein Stück von Ihnen ist irgendwo geblieben, Sie wissen nicht recht wo.

12 Nach einer Reise sein Zimmer wiederfinden

Dauer: 10 bis 20 Minuten
Material: eine Rückkehr nach Hause
Wirkung: erholsam

Sie müssen von weither kommen oder lange fort gewesen sein. Sie sind Ihrem vertrauten Rahmen entfremdet. Sie haben in fremden Betten schlafen, sich an anderes Essen gewöhnt, andere Klimata, Rhythmen, Horizonte erlebt. Andere Sprachen gesprochen, sich in anderen Tätigkeiten geübt. Ihr Körper und Ihre Seele haben neue Gewohnheiten angenommen. Doch jetzt sind Sie gleich zu Hause. Das ist der Augenblick, dem Sie auf den Grund gehen sollen. Schon seit einigen Minuten reaktivieren Sie die alten Orientierungspunkte. Neugierig nehmen Sie die Wege und Straßen des Viertels, die Nachbarhäuser in Augenschein. Natürlich wissen Sie, dass alles so ist, wie es war. Und doch ist es nicht ganz wie vorher. Zu sagen, was sich geändert hat, ist nicht ganz einfach. Natürlich nichts. Und etwas doch. Aber nicht nur Sie. Da ist etwas in den Dingen oder zwischen den Dingen und Ihnen, das Ihnen den Eindruck vermittelt, es hätten sich ein paar Elemente abgelöst.

Sie öffnen die Tür. Gehen Sie sofort in Ihr Zimmer. Strecken Sie sich auf dem Bett aus und schauen Sie sich aufmerksam um. Zunächst müssen Sie die Dimensionen wiederfinden, ein Gefühl für die Entfernungen bekommen, die Farben wieder verinnerlichen. Keines dieser Wörter trifft die Sache. Der Prozess, der sehr rasch abläuft, ist viel subtiler als der Wortschatz, der zur Verfügung steht. Diesen Raum, seine Aufteilung und seine Farbschattierung kennen Sie auswendig. Aber Sie haben das alles seit einiger Zeit nicht gesehen. Sie haben sich mit anderen Sinneswahrnehmungen auseinander gesetzt. Die Wiederkehr dieser hier bringt Ihnen zu Bewusstsein, wie vertraut sie Ihnen einerseits noch sind und welchen Abstand Sie andererseits zu ihnen gewonnen haben. Achten Sie darauf, was sie möglicherweise vergessen haben. Winzigste Einzelheiten: einen Fleck an der Wand, eine Unebenheit in der Tapete, eine Vertiefung im Parkett, solche Dinge. Sie kennen sie, aber sie sind Ihnen nicht mehr gegenwärtig. Sie sind Ihnen entfallen. Ohne Sie zu erstaunen, überraschen sie Sie ein wenig. Versuchen Sie, sich in diesem instabilen Gleichgewicht zu halten zwischen den alten Eindrücken, die Ihnen schon bald wieder selbstverständlich sein werden, und den neuen Eindrücken,

die Sie während Ihrer Abwesenheit empfangen haben. Dieser Schwebezustand geht rasch vorüber. Schon bald haben Sie wieder alle Teile zusammengefügt und erzählen von Ihrer Reise im Imperfekt.
Bevor Sie den alten Trott von Arbeit und Tagesablauf wieder aufnehmen, fragen Sie sich, wie Ihr Zimmer Sie erwartet hat, wie es vollkommen unverändert bleiben konnte. Es ist schwer zu verstehen, wie eine Wirklichkeit während der eigenen Abwesenheit vollkommen gleich bleiben kann. Und Sie, was haben Sie von sich aus dazu getan, dass dieses Zimmer mit sich selbst identisch geblieben ist? Haben Sie es in einem Winkel Ihres Gedächtnisses mit sich herumgetragen? Haben Sie es gestützt, genährt, aktiviert, behalten? Liegt es an Ihnen, an ihm selbst, an irgendjemandem oder irgendetwas anderem, dass sich Ihr Zimmer nicht in Nichts aufgelöst hat oder, wenn doch, am Ende wieder in seiner ursprünglichen Gestalt daraus hervorgegangen ist?
Es gibt viele Menschen, die nur die Achseln zucken und solche Fragen idiotisch finden. Die Dinge bleiben, wo sie sind, ohne dass es dazu der geringsten Anstrengung bedürfte. Und wir finden sie wieder. Basta. Wirklich?

13 Beim Pinkeln trinken

Dauer: 1 bis 2 Minuten
Material: Toilette und Glas Wasser
Wirkung: eröffnend

Seit Hunderttausenden von Jahren lebt und stirbt die überwiegende Mehrheit der Menschen, ohne das folgende Experiment kennen gelernt zu haben. Dabei ist es ganz leicht und außerordentlich interessant.
Wie alle Welt pinkeln Sie. Zu anderen Zeiten trinken Sie. Aber Sie wissen nicht, was für ein Gefühl es ist, beides zur gleichen Zeit zu tun. Das folgende Experiment gibt Ihnen die Möglichkeit, diese Erfahrung zu machen.
Also, füllen Sie ganz einfach ein großes Glas Wasser. Sobald Sie anfangen zu urinieren, fangen Sie an zu trinken. Wenn irgend möglich sollten Sie kontinuierlich trinken, in einem Zug, ohne abzusetzen. Sogleich werden sich ungewohnte Empfindungen bei Ihnen einstellen. Das Wasser, das aus Ihrem Geschlechtsteil fließt, knüpft fast gleichzeitig eine Beziehung zu demjenigen an, das durch Ihren Mund

eintritt. Daher entsteht in Ihren Gedanken – und vor allem in Ihrem Empfinden – das Bild von einer Organisation Ihres Körpers, die Sie nicht für möglich gehalten hätten. Das Wasser, das Sie trinken, scheint direkt aus Ihrer Harnblase auszutreten. Nach einigen Sekunden entdecken Sie einen unmittelbaren Kreislauf: Schlund – Harnröhre, also ein direkter Weg vom Magen in die Blase. Das ist zwar physiologisch unmöglich, wird von Ihnen aber unmittelbar und unstrittig so empfunden.
In wenigen Sekunden erfinden Sie sich einen phantastischen, wunderbar einfachen Körper und erleben ihn doch ganz konkret und unzweifelhaft. Kein Darm, keine Nieren, keine Wartezeit, kein Filterprozess, keine Dialyse. Das Wasser fließt vertikal durch Sie hindurch, Sie werden von der frischen Flüssigkeit durchströmt, von innen gewaschen, auf eine unvergleichliche und greifbare Weise gereinigt. Ihr Organismus scheint innen offen zu sein, mühelos kreist das Wasser zwischen Innen und Außen, wie ein kosmischer Strom oder eine Waschanlage – Sie dürfen wählen.
Dieses Experiment, das sich beliebig oft wiederholen lässt und keine Kosten verursacht, ist immer gut für neue Entdeckungen oder merkwürdige Überraschungen, gilt aber trotzdem noch nicht als Thermalkur.

14

Eine Mauer zwischen den Händen entstehen lassen

Dauer: rund 10 Minuten
Material: keines
Wirkung: verdoppelnd

Ihre Hände befinden sich, Handfläche an Handfläche, Finger an Finger, in Augenhöhe. Lösen Sie die Daumen und Handflächen voneinander, aber so, dass der Kontakt zwischen den letzten Fingergliedern erhalten bleibt. In unregelmäßigen Zeitabständen nähern Sie nun die Handflächen einander an, ohne dass sie sich berühren. Mit beiden Händen drücken Sie und leisten Widerstand, wobei Sie das Fleisch an den Fingerspitzen immer stärker zusammendrücken.

Beide Hände müssen sich abwechselnd öffnen und schließen, als versuchten Sie, eine Mauer zurückzuschieben, dem Druck einer glatten und leblosen Ebene standzuhalten. Verlangen Sie Ihren Gelenken das Äußerste ab, spüren Sie die Muskelspannung in den Handflächen, die Dehnung der Sehnen. Wenn Sie das Drücken und Beugen dreißig-, vierzig-, fünf-

zigmal wiederholen, werden Sie die Doppelbödigkeit dieser Situation entdecken.
Denn Sie sind zugleich derjenige, der drückt, und derjenige, der widersteht. Da Ihre Hände auf beiden Seiten sind, fällt es ungewöhnlich schwer zu entscheiden, wo Sie sind. Sie sind der andere, und der andere ist Sie. Im Fortgang des Experiments wird die Situation noch seltsamer. Denn Sie wissen nicht mehr, wo das Lebende und wo das Leblose ist. Für jede Hand bedeutet der Widerstand, der ihren Bewegungen entgegengesetzt wird, das Draußen und wird deshalb als Mauer wahrgenommen. Auf jeder Seite spüren Sie die lebendige Anstrengung, nicht die Mauerfläche. Sie fühlen die Haut, das Fleisch – nicht die Gegenwart der Mauer. Die angebliche Mauer, virtuell und doch spürbar, können Sie nicht lokalisieren.
Kompliziert ist die Situation, weil Sie beide Hände direkt vor Augen haben: Was Sie sehen, deckt sich nicht mit dem, was Sie spüren. Normalerweise ist das Bild einheitlich: zwei symmetrische Hände. Doch diese Sinneswahrnehmung ist ungewöhnlich gespalten. Jede Hand ist gewissermaßen das Nichtleben für die andere. In diesem *Hand*-Gemenge mit sich selbst, diesem geschlossenen System, machen Sie die Erfahrung des »Ich ist ein anderer«.

15 Im Dunkeln gehen

Dauer: einige Sekunden
Material: ein dunkles Zimmer
Wirkung: befremdend

Plötzliche Dunkelheit. Stromausfall, jähes Erwachen, der Wunsch, die anderen nicht zu wecken ... Der Grund spielt keine Rolle. Sie gehen im Dunkeln. Am besten unvermutet, damit Sie sich nicht noch bei Licht den Weg, die Hindernisse, die Entfernungen einprägen können. Allein auf Ihre Erinnerungen angewiesen, sollten Sie in tiefster Finsternis ein vertrautes Zimmer durchqueren, Ihr eigenes Zimmer oder das Wohnzimmer. Gegenstand des Experiments sind die Bruchstellen Ihrer Sicherheit. Ihr Tasten zeigt, dass Sie sich nicht mehr in der vertrauten Umgebung zurechtfinden, die Sie schon tausendmal durchquert haben. Wie viele Schritte vom Bett zur Tür? Nichts dazwischen? Wo ist die Sessellehne? Die Ecke vom Bett? Das heimische Gelände ist plötzlich gespickt mit Fragezeichen.
Die einfachsten Bewegungen bergen eine Fülle von Risiken, stecken voller Unwägbarkeiten. Vor allem können Sie nicht mehr richtig rechnen. Was Sie im

Licht zu wissen meinten, erweist sich jetzt als ungewiss. Nichts ist mehr sicher. Sie strecken den Arm aus in der Erwartung, etwas zu berühren, die Mauer, den Türrahmen … Nichts. Immer wieder greifen Sie ins Leere. Was Sie von der zweiten Sekunde an erfasst hat, ohne dass es Ihnen zunächst recht bewusst wurde, ist die Torheit der Ignoranz. Die Dunkelheit macht Sie zum Idioten. Sie hat Ihren Kopf mit Stumpfheit geschlagen, Ihnen das Orientierungsvermögen geraubt. Plötzlich stoßen Sie sich an der Ecke der Kommode. Nie hätten Sie gedacht, dass sie dort steht. Sie haben sich also getäuscht und sind gar nicht dort, wo Sie dachten. Das Möbelstück ist aus der Finsternis aufgetaucht und hat sie ziemlich heftig erwischt, genau mit der Ecke am Oberschenkel, dort, wo der Schmerz am größten ist.

Der vollkommene Lichtmangel macht alle Ihre Berechnungen zunichte. Er löst Ihre Umrisse auf. Ihr Körper ist hilflos, unsicher, vermag nicht mehr zu handeln oder nur noch ruckweise, in winzigen Bewegungen. Dabei fehlt Ihnen eigentlich nicht viel. Die gesamte Ihnen bekannte Wirklichkeit ist an ihrem Platz geblieben, dort, wo sie schon immer gestanden hat. Nichts hat sich bewegt, weder die Dinge noch ihre Beziehung untereinander. Trotzdem sind sie für Sie unverständlich geworden. Fern und irgendwie bedrohlich.

Man meint, die Welt im Dunkeln sei dieselbe wie im

Licht. Das Experiment tritt jedoch den Beweis an, dass sie ganz anders ist, je nachdem, ob sie sichtbar ist oder nicht. Was wir »die Welt«, »die Wirklichkeit«, »das normale Leben« nennen, befindet sich in einer fragilen Ordnung, die sich leicht durcheinander bringen lässt.

16 An alle Orte der Welt denken

Dauer: 20 bis 30 Minuten
Material: keines
Wirkung: erheiternd

Sie haben es satt, dort zu sein. Der Ort ist begrenzt, wiederholt sich, hat nichts Überraschendes oder auch nur Interessantes vorzuweisen. Sie haben endgültig die Nase voll von diesem beengten, sich immer gleich bleibenden Fleck. Das Problem lässt sich mühelos lösen. Denken Sie an die unendlich vielfältigen Orte, die, fern oder nah, zur gleichen Zeit existieren.

Berühmte Orte: der Markusplatz in Venedig, die Stadtmauer von Jerusalem, der Eingang zum Central Park in der Fifth Avenue, die Kathedrale von Yamoussoukro, die Pyramiden, die kleine Meerjungfrau in Kopenhagen, der Maiplatz in Buenos Aires, das Kolosseum, die Champs-Élysées, die Verbotene Stadt, Beverly Hills, der Rote Platz, der Parthenon, Trafalgar Square, das Rote Fort in Delhi, Topkapi … Eine Liste, die sich endlos fortsetzen lässt, eine Liste voller Leben, Orte, Bauwerke, Cafés,

Standbilder, Sehenswürdigkeiten, berühmter Naturschönheiten.
Das genügt nicht. Denken Sie, bis Ihnen schwindlig wird, an die unendliche Vielfalt bescheidenerer Plätze. Unbekannte, anspruchslose Stellen – Hinterhöfe, kleine Plätze, Sackgassen, Gässchen. Sogar an schäbige Winkel: Schuppen, Speicher, Vorratsräume, Keller, Wandschränke, Garagen. Denken Sie an die Feuchtigkeit der Tropen, die Trockenheit der Wüsten, die feuchte Kälte der nebelverhangenen Landschaften. Mit Palmen oder Birken, mit Kakteen oder alten Tannen, weißem Sand, roten Felsen, Schlamm, ewigem Schnee, dem blendenden Weiß des Schaums vor dem tiefem Blau des Meeres.
Und vergegenwärtigen Sie sich, bis zum Exzess, die Liste aller Dinge, die die Menschen tun, Menschen aller Art, in diesem Augenblick, an allen Orten der Erde. Denken Sie an die Menschen, die miteinander schlafen, sich freuen, schreien, weinen, essen, sterben, schlafen, schwitzen, sich abmühen, sich amüsieren, sich wundern, eifersüchtig sind, reisen, kochen, lesen, zurückkehren, singen.
Tauchen Sie in diese endlose Vielfalt ein und lassen Sie sich von ihr davontragen. Der Ort, an dem Sie sich befinden, ist nicht einfach einer unter unendlich vielen anderen. Er umfasst alle anderen. All das befindet sich in Ihrem Kopf. Ständig zu Ihrer Verfügung. Zu Ihrer und der aller anderen.

17 Einen Apfel im Kopf schälen

Dauer: 20 bis 30 Minuten
Material: keines
Wirkung: sammelnd

Im Allgemeinen halten wir uns für fähig, uns die alltägliche Wirklichkeit mit hinreichender Genauigkeit vorzustellen. Von den Dingen, die uns umgeben, vertrauten Orten, Nahrungsmitteln, Gesten, die wir ständig wiederholen, meinen wir, dass sie in unserer Vorstellung verfügbar sind. Wir glauben, wir brauchten nur den Bildschirm unseres Bewusstseins einzuschalten (wenn ich so sagen darf), um dort mit befriedigender Genauigkeit alle bekannten Bilder erscheinen zu lassen. Sicherlich ist es schon schwieriger, Geräusche und vor allem Gerüche aus dem Gedächtnis abzurufen. Sich ein Tasterlebnis (Liebkosung, Berührung, Kuss) zu vergegenwärtigen, ist noch schwieriger.

Trotzdem könnte sich unsere Überzeugung, wir seien in der Lage, die Wirklichkeit in unserem Kopf zu reproduzieren – und zwar relativ mühelos und relativ zuverlässig –, weitgehend als Illusion erweisen.

Um diese meist verborgene Schwierigkeit zu erfahren, genügt beispielsweise der Versuch, im Geist einen Apfel zu schälen. Die Aufgabe erscheint einfach. Sie stellen sich die Frucht vor, das Messer, den Einschnitt, die Schale, und das war's. Doch halt! Damit das Vorstellungsbild überhaupt eine Beziehung zur Wirklichkeit gewinnt, müssen Sie zunächst eine Apfelsorte auswählen, sich seine Größe, die Farbe, die Oberflächenbeschaffenheit genau vorstellen. Sie müssen also eine bestimmte Apfelsorte vor Augen haben und von dieser Sorte ein bestimmtes Exemplar; seine Farbschattierungen, Teile, die sich möglicherweise unterscheiden, mal heller, mal dunkler oder gescheckt sind, kleine Stellen, winzige Unebenheiten – all das müssen Sie sich so deutlich wie möglich vorstellen. Vergegenwärtigen Sie sich das Messer: Ist sein Griff aus Holz? Aus Kunststoff? Aus Metall? Hat es einen Wellenschliff? Ist es glatt? Angelaufen? Scharf? Handelt es sich um ein Küchenmesser, ein zierliches Obstmesser, ein einfaches Taschenmesser mit einer einzigen Klinge oder ein zwölfteiliges Schweizer Offiziersmesser?
Und dann? Wie wollen Sie verfahren? Wollen Sie nur eine einzige Schale produzieren, indem Sie den Apfel gleichmäßig um sich selbst drehen, ohne den Rhythmus zu unterbrechen? Wollen Sie ihn zunächst in Viertel zerteilen und diese dann nacheinander von der Schale befreien? Jedesmal müssen

Sie sich die Bewegungen mit chirurgischer Exaktheit, fotografischer Genauigkeit vorstellen. Es geht darum, dass sich der Film des Schälvorgangs in Ihrem Kopf Einstellung für Einstellung, Bild für Bild, Sekunde für Sekunde abspult. Ohne Stocken, ohne Aussetzer, ohne Fehler. Keine Unschärfe, kein Zögern. Und vor allem kein Ausblenden und keine Schnitte. Übergänge zwischen zwei Sequenzen sind nicht erlaubt.

Das schaffen Sie nicht, wenn Sie nicht viel Übung und Geschick haben. Vor allem können Sie davon ausgehen, dass Sie den Faden verlieren. Der Apfel wechselt die Farbe oder die Form, seine Merkmale bleiben nicht erhalten, die Schale fällt nicht so, wie sie sollte, das Messer folgt nicht der vorgesehenen Bahn, die Bewegungen werden abgehackt, die Bilder stockend, sodass Sie Mühe haben, sie wieder aufzunehmen und bruchlos zu verketten. Wenn Sie das Experiment mehrfach wiederholen, werden Sie feststellen, dass das Ergebnis besser wird. Sie können Fortschritte erzielen, wenn auch langsam und relativ mühsam. Auf jeden Fall ist es eine gute Konzentrationsübung. Das Experiment führt vor Augen, wie wenig sich unsere Vorstellung mit der Wirklichkeit deckt und wie schlecht unser Geist in der Lage ist, sie richtig zu behalten und wiederzugeben, ganz im Gegensatz zu dem, was er sich einbildet.

18 Sich eine Anhäufung von Organen vorstellen

Dauer: 30 bis 40 Minuten
Material: anatomische Tafeln (fakultativ)
Wirkung: unbarmherzig

Der Ausgangspunkt ist einfach. Eine lebendige Hand an einem menschlichen Körper hat nichts Beängstigendes. Sie bemerken sie noch nicht einmal. Oder wenn sie durch irgendeine Eigenschaft doch Ihre Aufmerksamkeit erregt (durch ihre Zartheit, Feingliedrigkeit oder, im Gegenteil, ihr derbes, breites, fleischiges Erscheinungsbild), so geschieht das auf bedeutungsvolle, lebendige, die Phantasie beflügelnde Weise. Doch eine leblose, vom Körper gelöste, isolierte Hand lässt Sie stocken. Selbst wenn es sich nicht um eine echte Hand, sondern nur um einen Gipsabdruck handelt (Voltaires oder Chopins Hand zum Beispiel), kann die Wirkung verblüffend sein. Deshalb haben die Männer im Gulag die abgetrennte Hand eines der ihren in einen abfahrenden Güterwagen geworfen – um der Welt mitzuteilen, dass sie noch lebten.

Noch stärker – und sehr viel schlimmer – ist die Wirkung, wenn viele Hände (selbst wenn Sie sich Hände aus Gips, Pappe oder Holz vorstellen) zu einem Haufen aufgetürmt sind. Häuft man Teile des menschlichen Körpers, alle von der gleichen Art, durcheinander auf, wie Dinge, die nicht mehr gebraucht werden, Reste ohne Funktion, stellt sich ein ganz besonderes Unbehagen ein. Das ist nicht mit den Auslagen eines Schlachters zu vergleichen. Wenn Sie auf dem Markt an den langen Fleischständen vorbeigehen, empfinden Sie vielleicht Überdruss und Ekel, trotzdem ergibt diese einförmige Zurschaustellung toten Fleisches einen Sinn für Sie. Sie wissen, dass es üblich ist.

Vergegenwärtigen Sie sich dagegen aufgetürmte Hände, einen Stapel Arme, einen Haufen Füße, dann können Sie mit dieser Vorstellung nichts anfangen. Denn jede Hand und jeder Fuß verlangt einen Körper, erhebt Anspruch darauf, an einer Gliedmaße befestigt, in ein Ganzes eingegliedert zu sein. Der Haufen selbst lähmt auch noch auf andere Weise. Zur widernatürlichen Vereinzelung des Organs kommt noch ein anderer Schrecken hinzu, nämlich der, dass sich das Organ in einer sinnlosen Menge gleichartiger Ausschussstücke befindet. Niemand kann etwas mit dieser Gleichartigkeit anfangen. Dass Schraubenmuttern oder Gegenstände anderer Art nach diesem Prinzip sortiert werden,

ist verständlich. Doch für eine solche Anhäufung menschlicher Organe gibt es keinen nachvollziehbaren Beweggrund.
Da Sie wahrscheinlich keine realen Bilder zur Verfügung haben, können Sie sich damit behelfen, dass Sie sie in Ihrer Vorstellung erzeugen. Stellen Sie sich vor, direkt vor Ihnen wären Beine aufgehäuft, rund hundert, nichts als isolierte Beine verschiedener Hautfarbe, verschiedenen Alters, pralle und runzlige, kleine und dicke mit Krampfadern, haarige und enthaarte, bleiche und rote, bläuliche und kräftig durchblutete, Beine, die wild durcheinander liegen und fast in jede Richtung zeigen. Betrachten Sie die Zehen, die gespreizt sind, übereinander liegen, kaum noch Nägel haben, die Adern an den Knöcheln, die Knie, die knöchern herausragen oder im Fett verschwinden.
Sie können das Experiment mit Fingern, Schultern oder Brüsten wiederholen. Versuchen Sie es anschließend mit Herzen, Lungen, Lebern, doch das Ergebnis, so ekelerregend es auch sein mag, ist weniger verstörend als bei Köpfen mit aufgelösten Gesichtern, geschlossenen oder offenen Augen, blauen Lippen, überwiegend angeklatschten Haaren. Sie können sogar eine Welt imaginieren, in der die Menschheit, statt ein normales Leben zu führen, zerlegt und zu Haufen sortiert worden ist, die an jeder Straßenkreuzung, organweise zusammengetragen, vom Triumph einer neuen Ordnung künden.

19 Sich in großer Höhe wähnen

Dauer: 15 bis 30 Minuten
Material: geschlossenes Zimmer
Wirkung: erhebend

Sie sind irgendwo unten. Auf Höhe des Meeresspiegels oder unwesentlich darüber. Das Experiment besteht in dem Versuch, alles, was Sie umgibt, auf eine beträchtliche Höhe zu heben, sagen wir auf viertausend Meter. Reine Autosuggestion. Nichts von dem, was Sie in Ihrer unmittelbaren Umgebung sehen, wird groß verändert. Am besten, Sie suchen sich ein geschlossenes Zimmer, wenn möglich ohne Fenster, auf jeden Fall ohne Blick nach draußen.

Wechseln Sie ganz allmählich in ein durchsichtigeres, leichteres Licht hinüber. Ihre Atmung wird tiefer und schneller: Die Luft wird dünner, sauerstoffärmer. Nach Möglichkeit sollten Sie ein leichtes Kribbeln in der Nase spüren. Zeitweise fühlen Sie einen Druck auf den Schläfen. Möglicherweise haben Sie kurze Schwindelanfälle, leiden unter Benommenheit. Bemühen Sie sich vor allem, einen leichten Druck in der Herzgegend zu verspüren. Fast ununterbrochen und ein bisschen stärker, wenn Sie sich bewegen. Sie bemerken, dass Ihre Bewegungen deutlich langsamer, Ihre Gesten weniger lebhaft geworden sind. Sogar Ihre Gedanken haben an Zusammenhang verloren.

Vielleicht gelingt es Ihnen nicht auf Anhieb, diese Wirkungen zu erzielen. Machen Sie sich nichts daraus und fangen Sie noch einmal von vorne an. Wenn Sie diesen Versuch mehrmals wiederholen, kann sich das Ergebnis erheblich verbessern. Bei genügend Übung dürfen Sie damit rechnen, fast jedes Mal diesen Höheneffekt hervorzurufen.

Bleibt die Frage, warum das Ganze? Die derart erzeugten Eindrücke sind relativ unangenehm. Auf den ersten Blick bringt die Höhenveränderung nichts Neues. Sie eröffnet keinen besonderen Zugang zu den Realitäten, die hinter der Oberfläche des Offensichtlichen verborgen liegen. Also, zu was ist sie nütze? Wozu diese Vorstellung, wozu so viel Mühe, sich so viele falsche Dinge einzureden? Nun, zumindest werden damit einige Zweifel an der Allgemeingültigkeit der Objektivität geweckt. Und es lässt sich die Überzeugung gewinnen, dass es wenigstens zeitweise möglich ist, die Welt mit dem Körper zu träumen. Und das ist schließlich keine triviale Feststellung.

20 Sich vorstellen zu sterben

Dauer: 5 bis 10 Minuten
Material: keines
Wirkung: leicht

Es kann immer plötzlich vorbei sein. Stellen Sie sich also vor, Sie setzten Ihr Leben aufs Spiel, wenn Sie das Flugzeug besteigen. Sie haben eine lange Autofahrt vor sich oder der Zug entgleist. Aber sie können auch unter einen Bus, ein Auto, ja sogar ein Motorrad kommen. Unwahrscheinliche Unfälle lauern überall und jederzeit. Denken Sie in Ruhe darüber nach, so gibt es eigentlich überhaupt keinen Grund, nicht mit einem frühen Tod zu rechnen. Wenn Sie diese Möglichkeit aus Ihren Gedanken verbannen, dann nicht nur, weil Sie Ihnen unangenehm ist, sondern vor allem, weil Ihnen ihre Wahrscheinlichkeit sehr gering erscheint. Zu Recht. Ihre Aussichten, noch in einer Stunde (oder sogar morgen) zu leben, sind ziemlich groß. Warum sollen Sie sich also mit dieser unwahrscheinlichen Möglichkeit das Herz beschweren?
Das Ärgerliche ist, dass Ihr Ableben feststeht. Zwar nicht der Tag und nicht die Stunde, aber dass es

kommt, ist unausweichlich. Gewiss, hundertprozentig, unabwendbar. Also müssen Sie sich Ihr Verschwinden vorstellen, seine Notwendigkeit. Versuchen Sie, sich Ihren Todeskampf auszumalen, Ihren Leichnam, Ihre Beerdigung, die Verwesung Ihres Körpers, Ihr Skelett. Vergegenwärtigen Sie sich das Grab und die ekligen Flüssigkeiten. Machen Sie sich klar, dass Sie nie wieder das Licht und die Rundung des Mondes erblicken werden. Auf ewig ist es vorbei mit den lauen Brisen, der Feuchtigkeit, dem Glanz, den Farben und den Düften. Nie wieder wird es für Sie Fleisch geben, um es zu liebkosen oder hineinzubeißen.

Vielleicht macht Sie dieser Gedanke traurig. Dann vernehmen Sie sicherlich mit Erleichterung, dass Ihr Kummer absurd und völlig grundlos ist. Bei solchen morbiden Grübeleien setzen Sie im Grunde voraus, dass Sie zugleich tot und lebendig sind. Sie sind tot, denn sonst wären Sie nicht begraben und dabei, zu verwesen. Gleichzeitig sind Sie noch immer lebendig, in der Lage, von Empfindungen und Gefühlen bewegt zu werden. Dort liegt der Fehler. In Ihrem jetzigen Kopf, Ihrem lebendigen Körper sind diese Vorstellungen vorhanden. Wenn Sie tot sind, gibt es sie nicht mehr.

Man kann sich nicht vorstellen, tot zu sein. Das ist immer ein Gedanke des Lebenden. Alle Ihre Vorstellungen gehören dem Leben an. Sogar die morbiden, grabesschweren, vampiresken, sogar diejenigen, die mit Spinnweben bedeckt sind und in tiefen Grüften ruhen – sie haben, genau genommen, nichts mit dem Tod zu tun. Es gibt nur ein einziges Universum. Ein Draußen existiert nicht. Was man über das Draußen denkt, wird drinnen gedacht und sagt nichts über das Draußen aus. Sind Sie beruhigt? Natürlich nicht, aber Sie haben Einblick in den Unterschied zwischen Leben und Philosophie bekommen. Das Leben ist panisch, erschütternd, ungeduldig, aufgeregt. Die Philosophie hingegen ist überzeugt, dass sich alles fügt, wenn man nur auf die richtige Weise darüber nachdenkt. Jedenfalls fast.

21 Versuchen, das Dasein auszumessen

Dauer: das ganze Leben
Material: Zollstöcke, Waagen, Blutdruckmessapparate, Teilchenbeschleuniger und andere Geräte
Wirkung: vergeblich

Einst hatte die Welt verschiedene Längen. Das Gewicht veränderte sich von einer Provinz zur anderen. Die Maße waren so verschieden, dass man nie ganz genau wusste, wie viel ein Brot wog und welche Ausmaße eine Tür hatte. Im Alltag wurde vieles näherungsweise bestimmt und war nicht aufeinander abgestimmt. Im Prinzip hatte man die Welt schon mathematisiert. Trotzdem befanden sich noch große Bereiche im Ungewissen und Fließenden.

Das haben wir gründlich geändert. Die Normen sind festgelegt, die Standardmaße vereinheitlicht. Unaufhörlich vermessen wir die Dinge, die uns umgeben. Backen Sie einen Kuchen, und Sie stellen fest, dass die Mengenangaben exakt sind. Egal, ob Sie ein Zimmer möblieren, einen Motor reparieren, ein maßstabsgerechtes Modell bauen, einen Gemüsegarten anlegen, immer gilt es, Maß zu nehmen, Berechnungen anzustellen. Zu diesen haben Sie (berechtigterweise) mehr Vertrauen als zu Ihren Schätzungen. Keine Reise ohne Karten, Grenzen, Flugpläne, Sextanten, Kompasse, Höhenmesser, Tachometer, Relaisstationen, Radar, GPS und Geräte, die noch gar nicht erfunden sind. Sie messen Ihre Kinder, wiegen sie, analysieren sie. Auch Sie selbst werden regelmäßig solchen Messungen unterworfen. Blut, Urin, Stuhl, Sperma, Gewebsproben, Röntgenaufnahmen, Endoskopie. Nach allen Regeln der Kunst bewertet, gewogen, überprüft. Man misst, wie viel Kohlenoxid Sie ausatmen, wie viel Albumin oder Kalium Sie pinkeln, wie viel Fett oder Zucker in Ihren Adern kreist. Man macht sich beziehungsweise Sie machen sich oder alle machen sich Sorgen um Ihr Gewicht, Ihren Blutdruck, Ihren Blutzuckerspiegel.

Alle diese Messungen sind nützlich, aber Sie können sich in einem Gedankenexperiment von ihrem nebensächlichen, ja sogar nichtigen Charakter überzeugen. Fragen Sie sich beispielsweise, wie man das Dasein ausmisst. Mit was für einem Instrument? In welcher Einheit? Nach welchem Code? In welchem Bezugssystem? Was ist ein geeignetes Maß für Ihr Leben: die zu Fuß zurückgelegten Kilometer, die im Auto gefahrenen Kilometer, in Jahren, in

Tagen, Stunden, Sekunden, Herzschlägen, in Litern Schweiß, Urin, Blut, in Kilogramm lebendem Fleisch, verzehrten Kartoffeln oder Fleisch, in Litern Wein, in beschriebenem Papier, verlorener Zeit, geschenkter Liebe, empfangener Liebe? Wie soll man es messen, das Leben?

Zahlen decken die Welt zu und engen die Wirklichkeit ein. Das Leben lässt sich durch eine Reihe von Gleichungen beschreiben, ein kompaktes Raster von Dimensionen, Massen und Kräften. Doch das Dasein lässt sich damit nicht ausmessen.

22 Bis tausend zählen

Dauer: 15 bis 20 Minuten
Material: keines
Wirkung: kritisch

Was soll daran Besonderes sein? Bis tausend zählen dauert einige Zeit (ungefähr fünfzehn Minuten oder neunhundert Sekunden) und wird irgendwann eintönig. Alles scheint vorhersehbar und von großer Regelmäßigkeit zu sein. Sie machen sich auf eine mechanische und triviale Aufgabe gefasst.
Weit gefehlt. Sie können gar nicht vermeiden, dass es zu erheblichen Schwankungen kommt. Da gibt es mühelose Abschnitte, abschüssige Strecken, lange Gefälle ohne Kurven, wie alte Überlandstraßen, die von Pappeln oder Platanen gesäumt sind. Und dann plötzlich Hügel, Serpentinen, scharfe Kurven in der Steigung, vor allem wenn man sich dem Vorgebirge der Fünfhundert nähert. Eigentlich haben Sie erwartet, lediglich Ziffern zu entdecken, und nun befinden Sie sich auf einer Reise in die Kindheit, in die Grundschule, in Geschichten über Tintenfässer, Schulkittel, Schulhöfe, Schwämme in Schulranzen. Unvermittelt befinden Sie sich wieder

in der Achterbahn und bekommen einen saftigen Tadel im Klassenbuch. Sie zählen im Sepiabraun alter Fotos.

Eigentlich sollte es eine Routineangelegenheit sein, eine rein mechanische Sache. Nun wird es zum Abenteuer, das kaum zu bewältigen ist. Habe ich mich nicht um zehn geirrt? Habe ich eine Zahl übersprungen? Hundert? Habe ich nicht eben, als ich an etwas anderes gedacht habe, einen Fehler begangen? Statt einfach, zügig, überschaubar zu sein, ist die Strecke von eins bis tausend gespickt mit Schlaglöchern und Fallgruben. Ständig laufen Sie Gefahr, stecken zu bleiben, in eine Konzentrationslücke zu fallen, nicht mehr weiter zu wissen, zu stammeln, von vorne anfangen zu müssen. Ewig?

Nein, da sind Sie schon am Ende angekommen. Was haben Sie gelernt? Eine einzige Sache: Tausend ist bereits eine große Zahl. Sie können sie durchmessen, aber es dauert seine Zeit, eine gute Viertelstunde, mit Höhen und Tiefen. Schon diese Zahl können Sie nicht mehr ganz erfassen, mit einem einzigen Blick umspannen. Wenn Sie mit dem Zählen fertig sind, dann denken Sie daran, dass tausend Jahre oder tausend Menschen gewaltige Mengen sind. Machen Sie sich klar, dass tausend mal tausend Ihr Vorstellungsvermögen weit übersteigt und dass eine Milliarde (tausend mal tausend mal tausend) sich nur noch an ihren Verstand, nicht mehr an ihre sinnliche Erfahrung wendet. Das ist so viel, dass sie nicht wissen, wie viel. Denken Sie dann, nur einen Augenblick lang, an die heutige Menschheit.

23 Die Ankunft des Busses fürchten

Dauer: 5 bis 10 Minuten
Material: eine Buslinie
Wirkung: erleichternd

Das Warten hat zwei Seiten. Zum einen bietet es Gelegenheit zur Ruhe, zur Besinnung. Damit der erwartete Augenblick eintritt, können sie nichts anderes tun, als sich zu gedulden. Die Passivität wird schließlich zum Genuss. Die Zeit verstreicht auf jeden Fall, diese Gewissheit hat etwas Beruhigendes. Doch das Warten kann auch ängstigen: Was die Zukunft bringt, lässt sich nie ganz kontrollieren, nicht immer vollständig vorhersehen. Experimentieren Sie mit dieser Angst ohne konkreten Gegenstand, bemühen Sie sich, sie zu schüren, wie unter der Lupe zu vergrößern, ihre Intensität und Dauer zu steigern.

Stellen Sie sich an eine Bushaltestelle. Häufig tritt kurz vor der Ankunft des Busses ein Zustand der Ungewissheit ein. Man weiß nicht genau, wie lange man sich noch gedulden muss. Der Bus steckt in einem Stau. Hat eine Panne. Wird längere Zeit von einer unvorhergesehenen Demonstration aufgehalten. Sie werden sich verspäten. Sie müssen sich nach einem anderen Beförderungsmittel umsehen, Erklärungen liefern, telefonieren, möglicherweise Ihre Zeit anders nutzen. Durch eine Reihe einander bedingender Verspätungen droht der Tag völlig aus den Fugen zu geraten. Am Horizont zeichnet sich eine lange Folge chaotischer Geschehnisse ab.

Nehmen Sie diese geringfügige und banale Beunruhigung zum Ausgangspunkt und schmücken Sie sie aus. Sagen Sie sich, dass sich der Bus vielleicht in der Hand von Terroristen befindet, mit Dynamit voll gestopft ist, nicht mehr bremsen kann. Es werden eine Reihe von Katastrophen geschehen, die sich nicht mehr verhindern lassen. Bestimmt befindet sich ein neuartiges Virus im Bus, eine tödliche bakteriologische Waffe. Der Fahrer ist ein Außerirdischer und alle Passagiere seine Komplizen. Die Menschen, die an der letzten Haltestelle eingestiegen sind, haben schon ein schreckliches Ende gefunden. Fahren Sie fort mit diesen Räuberpistolen, übertreiben Sie nach Kräften. Es spielt keine Rolle, dass das Ganze grotesk ist, dass Sie nicht daran glauben, dass Sie darüber lachen könnten, überzeugt, dass gleich ein ganz alltäglicher Bus ohne jede Überraschung eintreffen wird. Wichtig ist nur, dass Sie tatsächlich eine winzige Befürchtung empfinden, eine leichtes Schwanken Ihrer Gewissheit. Der bloße Umstand, dass Sie sich diese abenteuerlichen Geschichten zusammengereimt haben, lässt Sie nicht unberührt. Es bleibt ein vages Gefühl von fürchterlichen Ereignissen, die auf Sie zukommen könnten, ein winziger Riss, ein möglicher Bruch in der normalen Abfolge der Ereignisse.

Der Bus kommt. Sie steigen ein. Alles erscheint normal. Na also! Ganz sicher?

24 Auf einem Friedhof joggen

Dauer: 1 Stunde
Material: Laufschuhe, großer Friedhof
Wirkung: fromm

Friedhöfe: friedliche und befriedete Zonen. Ihr umschlossener Bereich ist der inneren Sammlung und allen Formen des Träumens zuträglich. Es gibt Blumen und wenig Menschen – ein doppelter Vorzug dieser Orte. Ein paar trauernde Hinterbliebene, ein paar Gärtner. Nur Menschen, die die Pflicht hierher führt. Kaum Spaziergänger, kaum Friedhofbegeisterte, kaum Liebhaber der Gräber und ihrer Inschriften.

Ein Experiment, das darin besteht, längere Zeit an einem solchen Ort zu laufen, mag schockierend erscheinen. Als deplatzierte Provokation, idiotische Posse. Vielleicht ist es sogar eine Gesetzesübertretung, eine geringfügige, die nicht ins Strafregister kommt, aber doch zu einer Verwarnung und einer Geldbuße führt. Vielleicht auch eine Kränkung – für den Schmerz der Angehörigen, die Achtung den Toten gegenüber. Verstoß gegen eine Anstandsregel, die nirgends festgehalten, aber allgemein anerkannt ist. Unter Umständen wird man den Gedanken auch aus Gründen ablehnen, die von prinzipiellerer, wenn auch schwerer fassbarer Art sind, Gründen, die mit der Ordnung der Dinge, der Rollenverteilung zwischen Lebenden und Toten zu tun haben. Andächtige Reglosigkeit der Lebenden für die unwandelbare Starre der ewig Ruhenden. Die einen können sich bewegen, die anderen nicht. Es gehört sich nicht, den Gegensatz zu betonen. Dort, wo diejenigen, die das Leben hinter sich haben, wort- und bewegungslos ruhen, schreit und gestikuliert man nicht. Wer zwischen Gräbern läuft, verfällt der dort immanenten Gerechtigkeit.

Lassen Sie sich davon nicht beeindrucken. Überwinden Sie diese Hindernisse, schütteln Sie Ihre Hemmungen ab. Wie üblich erschließt sich der Sinn erst nach und nach. Kümmern Sie sich zunächst um die praktischen Fragen: Sorgen Sie für gutes Schuhwerk (die Wege sind oft steinig und uneben), suchen Sie sich einen Friedhof, der groß genug ist. Die meisten Friedhöfe auf dem Lande sind für Spaziergänge zwischen Familiengräbern angelegt, eignen sich aber keinesfalls zum Joggen.

Endlich ist es soweit, Sie lassen sich auf dieses seltsame Experiment ein. Anfangs verspüren Sie, wie nicht anders zu erwarten, eine gewisse Gehemmtheit, die noch eine Zeit lang anhält, das Gefühl, sich unangemessen, ungehörig zu verhalten. Sie denken unweigerlich an die Skelette, die dort in ihren Holzsärgen liegen, übereinander, zusammengedrängt, beengt, im Feuchten, Dunkeln, fast vergessen. Und Sie finden, dass Ihre leichten Laufschritte einen Affront für sie bedeuten. Sich so lebhaft, so lebendig zu bewegen, das gehört sich nicht im Angesicht des Todes.

In dieser Diskrepanz sollen Sie sich einrichten und sie genießen. Denn schließlich leben Sie, können laufen und sich über Ihre Bewegung freuen. Die anderen nicht. Deren Pech. Und Ihr Glück. Heißes Blut in den Adern und ein heftig schlagendes Herz in der Brust. Von all dem wissen die anderen nichts mehr, die aus der Zeit und dem Leben gegangen sind. Sie dagegen bewegen sich in der weichen, warmen Luft und drücken sich mit federnden Füßen vom Boden ab.

Das Experiment wird allerdings nur interessant, wenn Sie diese erste Phase überwinden. Nach und nach sollten Sie versuchen, die Distanz, die Sie gegenüber den Toten empfinden, zu verringern. Sie gewinnen allmählich das Gefühl, dass Sie im Innersten Ihres Laufens unbeweglich sind. Letztlich also keine Trennung zwischen Bewegung und Ruhe besteht. Da können Ihre Schritte noch so lang und regelmäßig sein, Ihr Atem noch so kräftig gehen, in allem wohnt die Reglosigkeit. Was man hierbei erfahren kann, ist die Gegenwart der Bewegungslosigkeit in der Bewegung, der Ruhe im Laufen. Und den Respekt in der Regelverletzung. Sie stören die Ruhe dieser Toten nicht. Wenn Sie zwischen ihren Gräbern laufen und sich weder um ihre Namen noch um die Anstandsregeln kümmern, dann lieben Sie sie.

25 Sich wie ein Narr amüsieren

Dauer: 30 bis 40 Jahre
Material: eine komplexe Gesellschaft
Wirkung: erheiternd

Wie haben sich die Narren amüsiert zu der Zeit, als es noch Narren gab und man sich noch amüsierte? Sie haben alles und jeden zum Narren gehalten, sich über alle Regeln und Konventionen hinweggesetzt. Sie haben zu laut geredet und ohne Grund gelacht. Eine feste Bleibe gab es nicht für sie. Dafür durften Sie die Menschen und die guten Sitten vor den Kopf stoßen. Nomadisch, regelverletzend, so zogen sie die Wege und Flüsse entlang, jenseits von Anstand und Verpflichtungen. Sie haben die frommen Bilder verlacht, sich über die Sakramente lustig gemacht, die Autorität der Heiligen Kirche verspottet.
Machen Sie es ebenso. Natürlich haben wir keine Flüsse und Straßen mehr, auf denen lästerliches Narrenvolk umherzieht. Wenn Sie heute versuchen würden, sich auf ein derartiges Abenteuer einzulassen, fänden Sie sich schnell in einer geschlossenen Abteilung wieder. Sie müssen sich also etwas ande-

res überlegen. Versuchen Sie es als Kritiker, Chronist, Schriftsteller, Romancier, Maler, Filmemacher, Musiker, Gaukler, etwas in der Art. Jedenfalls quer zum Strom. Tun Sie Ihr Möglichstes, Ihre Zeitgenossen zu verstören. Träumen Sie nicht davon, den Lauf der Geschichte zu verändern, sondern streuen Sie dort, wo Sie sind, kleine Beunruhigungen aus. Durchkreuzen Sie Pläne, sorgen Sie für Unerwartetes, machen Sie Vorkehrungen zunichte. Bewegen Sie sich in dieser Gesellschaft, aber verweigern Sie ihr den Gehorsam.

Natürlich müssen Sie sich den Vorschriften, den Kräfteverhältnissen fügen. Es ist durchaus denkbar, dass Sie vor dieser oder jener einflussreichen Persönlichkeit kriechen müssen – aus Berechnung, Feigheit oder auch bloßer Liebedienerei. Sagen Sie sich, dass das ohne Bedeutung ist. Katzbuckeln Sie aus taktischen Gründen so viel Sie wollen, solange Sie sich absolut sicher sind, dass sich etwas in Ihrem Inneren der Katzbuckelei verweigert.

Sichern Sie sich mit Bedacht und von langer Hand Ihren Freiraum. Lernen Sie, versteckt und auf Umwegen vorzugehen. Verhalten Sie sich wie der Läufer beim Schach, der im Französischen nicht umsonst den gleichen Namen wie der Narr (*fou*) trägt, und bewegen Sie sich nur auf den diagonalen Feldern. Praktizieren Sie den Seitschritt, den Krebsgang, das Querdenken. Tag für Tag, immer auf dem Weg des geringsten Widerstands. Gewöhnen Sie sich an, für jede Frage die unangemessenste Antwort zu finden, diejenige, die am schlechtesten zu passen scheint. Setzen Sie sie von Zeit zu Zeit in die Tat um. Und schauen Sie, was dabei herauskommt.

Bei dem Versuch, sich wie ein Narr zu amüsieren, ist das langwierigste und mühseligste Unterfangen, zu begreifen, dass es wirklich nichts gibt, was ernst zu nehmen wäre. Am Horizont betrachtet, scheint alles lachhaft zu sein: das Leben, der Tod, die Menschheit, die Liebe, das Universum, die Ameisen, die Heilige Schrift, das Geld, der Beruf, der Körper, das Denken, die Politik. Unter anderem. Nicht zu vergessen das Lachen selbst, das Amüsement, die Narren.

26 Eine Frau am Fenster sehen

Dauer: einige Sekunden
Material: wie es der Zufall bestimmt
Wirkung: träumerisch

Sie träumt oder wäscht ab. Sie blickt auf die Straße, oder sie raucht. Manchmal schaut sie in die Wolken. Oder sie hängt Wäsche auf. Sie ist zwanzig oder sechzig, arm oder reich, schön oder nicht. Sie betrachtet Sie, Ihre Blicke kreuzen sich. Oder aber Sie sehen lediglich ihr Profil, ihren gedankenverlorenen Blick. Sie sind Sie selbst, egal, wie sich die Situation darstellt. Sie sehen sie von oben, aus dem Fenster einer höheren Etage, auf gleicher Höhe oder von unten, während Sie die Straße entlanggehen. Sie können ihr Gesicht erkennen oder sehen nur ihren Oberkörper, weil sie den Kopf gebeugt hält oder ein Vorhang sie teilweise verbirgt. Deutlich nehmen Sie ihre Kleidung wahr, die Rundung der Brüste, die Form der Schulter, das Fleisch des Oberarms. Oder Sie erahnen nur eine verschwommene Silhouette, kaum mehr als einen Schatten, nichts Genaues. Das spielt keine Rolle.

In allen Fällen erwacht das gleiche Gefühl. Sie betrachten eine unbekannte Frau in ihrer häuslichen Umgebung, nur flüchtig und teilweise sichtbar. Ihre Gegenwart findet im Rahmen des Fensters statt. Sie wissen natürlich nichts von ihr. Sie gehen lediglich vorbei. Höchstwahrscheinlich passiert gar nichts zwischen Ihnen. Sie wird nie etwas anderes sein als ein Traum, eine kurze Illusion. Nicht mehr. Das wissen Sie.

Aber das hindert Sie nicht daran, einen Roman zu erfinden. Sie hat Sie gesehen, Ihnen ein Zeichen gegeben. Sie gehen hinauf zu ihr, das Unmögliche wird wahr, die Leidenschaft bricht in Ihr Leben ein, schrecklich und schön, jäh und unerwartet, so obszön wie zart. Auch sie hat es vom ersten Augenblick an gewusst, wie man die unmöglichen Dinge weiß, die, die man nicht versteht und die alles entscheiden, plötzlich und endgültig.

Da diese Zeilen von einem Mann stammen, ist die Leserin gehalten, sie entsprechend abzuwandeln. Oder besser, neu zu erfinden. Auf diesem Register, auf dem sich das Verlangen und der Blick, Sexualität und Imagination begegnen, lässt sich das Ergebnis eines solchen Prozesses nicht vorwegnehmen.

Die Straße ist zu Ende. Nichts ist geschehen. Das Leben geht weiter. Auf ein Neues.

27 Sich ein Leben ausdenken

Dauer: einige Monate
Material: keines
Wirkung: verwirrend

Sie haben nur das eine Leben, sagt man bei uns. Andere dagegen beteuern, Sie hätten schon mehrere gehabt. Aber das ist hier egal. Sie können sich Ihr Leben selbst vervielfältigen. Dazu müssen Sie nur ein relativ langes und anspruchsvolles Experiment durchführen, dessen Ergebnis Sie aber für all die aufgewendete Zeit entschädigt.

Unternehmen Sie einige Wochen lang systematische Anstrengungen, sich ein Leben auszudenken. Erzählen Sie Ihrem neuen Friseur, bevor Sie Pizzas in New York ausgefahren hätten, seien Sie Taxifahrer in Detroit gewesen. Berichten Sie Ihrem entfernten Cousin von Ihren Jahren als Lehrer in Australien. Erinnern Sie sich mit Ihren Neffen an Orte, die Sie nie kennen gelernt haben, an Berufe, die Sie hätten ausüben können (wer weiß es schließlich mit Sicherheit), an große und kleine Abenteuer, an die Jagden auf den Snark* und an Häfen im Nebel.

* Anspielung auf *The Hunting of the Snark*, ein Nonsensgedicht von Lewis Carroll. (Anm. d. Übers.)

Leisten Sie gründliche Arbeit. Begnügen Sie sich nicht damit, die Geschichten zusammenzubasteln. Kommen Sie immer wieder auf sie zurück. Schmücken Sie Ihre Anekdoten aus, fügen Sie Einzelheiten hinzu, füllen Sie Lücken, beseitigen Sie Unwahrscheinlichkeiten, sofern vorhanden. Setzen Sie die gleichen Erzählungen mit den gleichen Personen fort und vermeiden Sie, sich in Widersprüche zu verstricken. Machen Sie sich Notizen, falls nötig, legen Sie sich Karteikarten an, dokumentieren Sie Ihr imaginäres Leben. Und halten Sie hartnäckig fest an Ihren Geschichten.

Nach einigen Monaten werden Ihnen Ihre möglichen Leben vertraut geworden sein. Sie haben auf viele Fragen geantwortet, zahlreiche Erklärungen geliefert. Sie haben die Schlüsselepisoden Ihrer verschiedenen Biographien beschrieben, erzählt, wieder aufgenommen und wiederholt. Vor allem haben Sie Menschen von der Wahrhaftigkeit dessen überzeugt, was Sie ihnen berichtet haben, Menschen, die nun anderen davon erzählen werden, sodass diese Sie fortan im Licht Ihrer ausgedachten Leben betrachten werden. Sie glauben daran.

Warum nicht Sie selbst? Sie müssen an den Punkt gelangen, wo Sie daran zweifeln, dass das alles tatsächlich nicht stimmt, wo auch für Sie die Grenze zwischen den Fiktionen und Ihrem wirklichen Leben verschwimmt. Oder vielmehr – was auf dasselbe hinausläuft – an den Punkt, wo Sie sich, ohne sich Gewalt anzutun oder plötzlich dem Wahnsinn zu verfallen, sagen können, dass das, was Sie einst als Ihr »wirkliches Leben« zu betrachten pflegten, in Wirklichkeit nur eine Fiktion unter anderen ist. Nicht mehr und nicht weniger.

28 Menschen durchs Wagenfenster betrachten

Dauer: 10 bis 40 Minuten
Material: Auto, Chauffeur, Großstadt
Wirkung: unsichtbarer Mann

Für dieses Experiment müssen Sie Beifahrer sein. Wenn Sie lenken, wird Ihre Aufmerksamkeit zwangsläufig vom Fahrzeug in Anspruch genommen, von den unumgänglichen Handlungen, von den Dingen, die die Sicherheit verlangt. So können Sie sich nicht vom Schauspiel außerhalb des Fahrzeugs gefangen nehmen lassen. Wird man dagegen gefahren, darf man den Blick über all die flüchtigen Erscheinungen schweifen lassen. Passiv, träumerisch, flüchtig. Voranzukommen, ohne sich bewegen zu müssen, mehr oder weniger schnell durch die Gegend zu fahren, zu schauen, ohne gesehen zu werden – der Beifahrer im Auto hat ideale Voraussetzungen, um sich als Voyeur zu betätigen.
Setzen Sie sich also auf den Rücksitz in einem Taxi, im Auto einer Freundin (die Umstände spielen keine Rolle) und überlassen Sie sich der Bewegung. Am

besten ist es, wenn Sie sich in einer Großstadt befinden. Stellen Sie sich vor, Sie säßen auf einer Art fliegendem Teppich, einem schwebenden Gefährt zu ebener Erde, in dem Sie die Welt durchmessen können, ohne selbst gesehen zu werden. Sie gleiten zwischen den Menschen hindurch, die Sie nicht bemerken. Sie erfassen einen Ausschnitt ihres Lebens, eine Frage, eine Ängstlichkeit, eine Ungeduld, ein Begehren, eine Erwartung. Die Kleidung, der Gang, der Hintern, die Schultern, das Alter, die Haare, die Geschäfte, die Erschöpfung – all das zieht an Ihnen vorbei. Und plötzlich gibt es, ganz tief, wo sich alles mischt und wandelt, einen Blick, der sich nicht vergessen lässt. Oder das vollkommene Profil einer Frau, von der Sie nichts wissen. Augenblicksgefühle, Drei-Groschen-Empfindungen, ein sofort vergessenes »Auf ewig«-Gefühl.
Zwischen Ihnen und diesen lebenden Körpern, diesen von unzähligen Dramen, Sorgen und Plänen bewegten Leben, liegt eine Scheibe und die Bewegung. Sie können zwar jederzeit das Fenster öffnen, fahren aber trotzdem immer weiter. Wiederholen Sie diese Erfahrung möglichst oft, an möglichst verschiedenen Orten. Wechseln Sie, wenn es geht, die Länder und die Kontinente. Ziehen Sie daraus jeden beliebigen Schluss. Es ist mehr als einer möglich.

29 Die Bewegungen von Ameisen verfolgen

Dauer: rund 30 Minuten
Material: ein Ameisenhaufen
Wirkung: nachdenklich stimmend

Jeder hat es schon mal gemacht, aber es funktioniert noch immer. Wer eine Ameisenkolonie lange genug betrachtet, kommt ins Grübeln. Achten Sie auf die unbeirrbare Hartnäckigkeit der Protagonisten. Verfolgen Sie, und wenn es zum hundertsten Male ist, wie die Tierchen sich im Gänsemarsch fortbewegen, einander kreuzen, penibel einem Netz von Wegen folgen, die ständig ihren Verlauf ändern. Schauen Sie sich den Gesamtplan der Wege an, die winzigen individuellen Abweichungen, die flüchtigen Rückzüge, die verblüffenden Heldentaten, die unglaublichen Beförderungsleistungen.
Und stellen Sie die ganz trivialen Überlegungen an, auf die jeder verfällt. Fragen Sie sich, wie man ein solches Leben führen kann. Versuchen Sie sich eine biologische Gemeinschaft, eine Gesellschaft ohne Sprache vorzustellen. Malen Sie sich die verblüffenden Verhältnisse in einem Staat ohne Menschen aus.

Kapitulieren Sie angesichts der Vorstellung eines Organismus, der aus einer Vielzahl von Individuen besteht. Nehmen Sie sich noch einmal *Micromégas*, Fabre*, *Bouvard et Pécuchet* vor.
Zum Schluss versuchen Sie sich vorzustellen, Sie wären eine Ameise; stießen einen Brotkrumen vorwärts, wälzten ein Steinchen beiseite, wichen einer Flaschenscherbe aus. Woher wüssten Sie, wohin Sie zu gehen hätten? Wieso wären Ihnen die Aufgaben bekannt, die zu erledigen wären? Hätten Sie Hunger? Was hätte das zu bedeuten? Was dächten Sie? Und was hätte das zu bedeuten? Wie würde es sich auswirken, eine Ameise zu sein?
Sie wissen, dass diese Fragen nicht zu beantworten sind. Es gibt Welten, die existieren nebeneinander, parallel, abgeschottet, ohne Verbindung, sodass es eigentlich übertrieben ist, von einem gemeinsamen Universum zu sprechen. Der Planet der Ameisen ist nicht die Erde der Menschen. Er ist noch nicht einmal in ihr enthalten, allenfalls dort gelegen. So gelangen Sie zu dem Schluss, dass sich die Pluralität der Welten vor Ihren Augen entfaltet, ständig, dass Sie dadurch aber nicht schlauer werden als zuvor.
Unter dem Strich ist das Ergebnis Ihres Experimentes, dass die Ameisen keine neuen und schon gar keine interessanten Ideen zu bieten haben.

---

* Jean-Henri Fabre, französischer Insektenforscher (Anm. d. Übers.)

30 Etwas Namenloses essen

Dauer: einige Minuten
Material: etwas Essbares und Anonymes
Wirkung: beunruhigend

Wie immer beginnt es zunächst banal. Besonders ist lediglich, dass Sie ihm Aufmerksamkeit schenken, sich darauf einlassen. Den Augenblick auf sich wirken lassen. Alles registrieren, was in diesem Moment ohne besonderes Interesse geschieht. Sich augenblicklich in eine Geste, eine Empfindung vertiefen. So weit hinabsteigen, wie Sie können. Gelegentlich müssen Sie aufgeben, weil Sie nichts finden, was die Mühe lohnt, weil Sie in einer Sackgasse gelandet sind. Manchmal dagegen stoßen Sie in der Biegung eines unterirdischen Stollens plötzlich auf einen Abgrund, eine Höhle, eine riesige Grotte, die sich dunkel unter der Oberfläche ausbreitet.

So haben Sie zum Beispiel schon oft ein Nahrungsmittel gegessen, dessen Namen Sie nicht kannten. Vermutlich haben Sie noch nicht einmal darauf geachtet. Das kann unter den verschiedensten Umständen geschehen: in einem Land, dessen Sitten

und Sprache Sie nicht kennen, im Brauchtum einer bestimmten Gegend, in einem regionalen Gericht, wenn Sie bei Bekannten essen, beim Besuch eines exotischen Delikatessengeschäfts. Kurzum, es ist Ihnen schon passiert, dass Sie etwas gegessen haben, was Sie nicht benennen konnten, von dem Sie einem Freund nicht berichten konnten: »Ich habe ein … oder eine … gegessen.« Sie mussten eine lange Umschreibung beginnen, die Farbe, die Beschaffenheit, den Geruch, den Geschmack beschreiben und dazu eine Reihe von Vergleichen und Zusammenstellungen verwenden: »Das ähnelt … riecht wie … schmeckt aber wie … und hat die Farbe von …«
Wenn sich das nächste Mal diese Gelegenheit bietet, in dem Augenblick, wo Sie die »Sache« schmecken, halten Sie inne. Achten Sie genau auf das, was geschieht. Es ist nicht unbedingt wichtig, ob Sie den Geschmack angenehm finden oder nicht. Besser ist es allerdings, dass er Ihnen zusagt, damit Sie sich fragen können: »Was fehlt mir eigentlich, wenn mir der Name fehlt? Der Geschmack ist vollständig, ihm fehlt gar nichts. Genauso wenig, wie dem Nahrungsmittel in anderer Hinsicht etwas abgeht.« Trotzdem, nur weil Sie die Essware nicht benennen können, erscheint sie Ihnen anormal. Sie ist unvollständig, ungebührlich, nicht einzuordnen, solange Ihnen der Name fehlt.
Sobald Sie das Nahrungsmittel bezeichnen können,

ändert sich die Situation vollständig. Noch immer mögen Sie es oder mögen es nicht, daran hat sich nichts geändert. Sie nehmen noch dieselben Eigenschaften wie vorher wahr, aber unter einem veränderten Blickwinkel. Die Sache hat Eingang gefunden in das Netz der Elemente, die vom Wort beherrscht werden, sie ordnet sich in die Kontinuität der Bezugspunkte ein, die durch die Bezeichnungen geliefert werden.

Die Behauptung, den Namen zu kennen verändere den Geschmack, ist übertrieben, wohl aber verändert es unsere Einstellung zum Geschmack, unsere Art, ihn zu betrachten. Sicherlich schmecken wir ein Nahrungsmittel, dessen Namen wir nicht kennen, nachdenklicher, aufmerksamer und vorsichtiger. Doch sobald wir wissen, wie es heißt, essen wir auch ein bisschen Sprache, verleiben wir uns den Namen löffelweise ein, nehmen Vokabelscheiben zu uns.

Am Ende kommt der Verdacht auf, dass wir eher Wörter als Nahrungsmittel essen. Unser Appetit wird ebenso sehr vom Sprachzentrum wie vom Magen gesteuert. Wir schmecken nicht nur mit der Zunge, sondern auch mit der Sprache.

31 Staub in der Sonne beobachten

Dauer: 15 bis 30 Minuten
Material: Zimmer, Sonnenstrahl
Wirkung: beruhigend

Ein relativ dunkles Zimmer. Die Fensterläden fast geschlossen. Durch einen Spalt fällt ein Lichtstrahl. Ein greller, scharf umrissener Sonnenstrahl, schräges Licht der Morgen- oder Abenddämmerung. In dem Strahl, der die Dunkelheit durchschneidet, zeichnet sich ein vielfältiges Flimmern ab. Zweifellos gehört es zu den lebhaftesten, märchenhaftesten Erscheinungen, die sich dem Blick des Menschen darbieten. Dort tanzen, wirbeln, kommen und gehen Tausende von winzigen Splittern, die den Glanz auffangen und zurückwerfen. Punkte, Stäbchen, mikroskopische Federn, winzige Fäden, unendlich kleine Luftteilchen, leicht und flirrend, die wunderbar durch die Luft schweben, ernst und fröhlich, ungeheuer beschäftigt, von Wirbeln erfasst, auf aberwitzige Bahnen gerissen, die sie abbrechen, um neue zu beginnen, reine Splitter des Daseins.
Der bezauberndste Aspekt dieses flirrenden Wun-

ders ist seine Dichte. Lassen Sie alle Kindheitserinnerungen beiseite, die Spiele von einst, die Häuser auf dem Land, den Geruch der Schränke (so es sie denn gibt). Halten Sie sich nur an diese erstaunlichen Partikel. Die Grenze zwischen Licht und Dunkelheit ist plötzlich so scharf, so klar, so unmittelbar, dass Sie glauben, sie mit Händen greifen zu können. Zu beiden Seiten der Grenze taucht das Gewimmel der Teilchen auf und verschwindet wieder. Dort lässt sich träumen.

Es gibt nur wenige einfache Experimente, die ein so intensives Empfinden von einer plötzlich aufscheinenden, unsichtbaren Welt vermitteln. Der Lichtstrahl gibt den Ausschnitt eines anderen Raums zu erkennen, eingelassen in den unseren, ein Universum der anderen Seite, eine Gegenwelt, ein Anderswo. Dieser Raum ist nun plötzlich sichtbar geworden wie durch einen Einbruch. Wie wäre die Welt, wenn man den Staub immer flimmern sähe, überall, grenzenlos? Gibt es nicht immer, überall, grenzenlos eine Schicht, die zugleich unsichtbar und gegenwärtig ist? Eine Dimension, in die man gelangen könnte, einen anderen Raum, der in den uns bekannten eingelassen ist?

Vielleicht fehlt uns nur die Fähigkeit, die Fensterläden einen Spalt zu öffnen?

32 Der Erschöpfung widerstehen

Dauer: unterschiedlich, mehrere Stunden
Material: keines
Wirkung: subtil

Leben und Erschöpfung unterscheiden sich nicht. Es ist sinnlos, sich nach ungestörter Ruhe zu sehnen, in der alle Mühe vergessen, alle Anspannung aufgehoben ist. Unablässig ist das Leben dem Energieverbrauch, der Ermüdung, wirklichen oder eingebildeten Gliederschmerzen ausgesetzt. Ausdauer zu zeigen ist die Ursache von Erschöpfung, sofern wir sie als Folge der Anstrengung und nicht der Depression begreifen. Zu viele Menschen denken an ein trauriges Ermatten, eine quälende Unausweichlichkeit, die sie erdrückt und überwältigt. Man gibt ihr nach langem Sträuben nach, unwiderruflich, besiegt von der eigenen Kraftlosigkeit, ermattet, unfähig, länger gegen sie anzugehen.
Rasch wird die Erschöpfung zum nebelverhangenen Ozean, auf dem die Schiffe mit Mann und Maus dem Untergang geweiht sind, eine Kloake, ein

Sumpf, aus dem es keine Wiederkehr gibt. Wer sehr erschöpft wirkt, ist dem Tode geweiht. Er schwindet langsam dahin. Wenn man auf dem Lande sagte, er sei *fatigué* – »erschöpft« –, bedeutete dies lange Zeit, dass er bald sterben würde.

Bekämpfen Sie die Idee vom großen Niedergang, von der Schwäche ohne Erholung. Befreien Sie sich vor allem von dem Gedanken, es gäbe nur eine Form der Erschöpfung. Unterscheiden Sie Erschöpfungen aller Art, die miteinander fast nichts zu tun haben. Unterscheiden Sie sie und machen Sie den Versuch, ihnen zu widerstehen, indem Sie sie begleiten. Denn eines der wirksamsten Mittel, um einer Erschöpfung zu widerstehen, besteht nicht etwa darin, sich zu sträuben, seine letzten Kräfte zu mobilisieren, um sich gegen den Strom zu stemmen. Vielmehr müssen Sie die Erschöpfungen begleiten. Nicht gegen, sondern mit ihrem Strom schwimmen. Sie nicht als Hindernis betrachten, sondern als Mittel zum Fortkommen, als Vehikel.

Üben Sie sich darin, von einer Erschöpfung zur anderen zu springen. Gewöhnen Sie sich daran, ihr nicht nachzugeben. Sie können versuchen, Eigenschaften der Erschöpfung zu finden, die ihnen besonders zusagen, und andere, vor denen Sie sich hüten müssen. Zu diesem Zweck können Sie sich darin üben, in der Hitze zu wandern, lange Zeit auf Schlaf zu verzichten, ununterbrochen zu arbeiten, pausen-

los und übermäßig, zu viele Dinge gleichzeitig zu tun, immer häufiger und immer anders Sex zu haben, alles zugleich zu erledigen.
Wie auch immer, irgendwann wird es vorbei sein. Die entscheidende Frage lautet, ob Sie dieser Gedanke tröstet oder beunruhigt.

33 Zu viel gegessen haben

Dauer: 2 bis 3 Stunden
Material: Nahrungsmittel in Mengen
Wirkung: verschwommen

Es spielt keine Rolle, warum. Ob ein Essen im Freundeskreis, eine gesellschaftliche Verpflichtung, ein Familienfest, plötzlicher Heißhunger, ein Sterne-Restaurant, eine besondere kulinarische Provinz Frankreichs … In unserer Überflussgesellschaft gibt es die unterschiedlichsten Anlässe, in diese banale Situation zu geraten: zu viel gegessen zu haben. Sie fühlen sich nicht recht wohl. Der Bauch ist gespannt, der Kopf schwer, der Verstand umwölkt, der Mund trocken. Zu den verschiedenen Beschwerden, die Sie haben können, sind hinzuzufügen: Kopfschmerzen, Herzklopfen, Schweißausbrüche, Hitzewallungen und Kälteanwandlungen, Schluckreiz, Blähungen.
Das Experiment besteht darin, dass Sie diese Zufallssituation zu einer Bildungsreise nutzen. Befreien Sie sich zunächst von allen Erwägungen, die Ihre guten Vorsätze betreffen, von allen Vorbehalten

gegenüber den Personen, die für diese Situation verantwortlich sind. Machen Sie sie weder sich selbst noch anderen zum Vorwurf. Nehmen Sie die Dinge so, wie sie sind: Sie haben zu viel gegessen, mehr als Ihr Körper ohne Unwohlsein verkraften kann. Das ist eine Tatsache. Basta. Überlassen Sie sich also der Situation.
Überantworten Sie sich ohne Widerstand den zahlreichen Befindlichkeiten, die Ihnen zuteil werden: Benommenheit, Wachsein, Schläfrigkeit, Hellsichtigkeit, Dumpfheit, Schwere, relative Leichtigkeit. Achten Sie auf diesen langsamen Kampf, der sich entspinnt, direkt in Ihren Eingeweiden, zwischen der Masse der aufgenommenen Nahrungsmittel und dem Bestreben Ihres Körpers, seine Integrität wiederherzustellen. Noch einmal: Statt diese Beeinträchtigungen zu erleiden, als wären es Schicksalsschläge, machen Sie sie zu einem Ausgangspunkt für eine, wenn auch simple, Untersuchung Ihrer Beziehung zur Wirklichkeit.
Registrieren Sie beispielsweise, was für veränderte Bewusstseinszustände der Bohneneintopf erzeugt, welche besondere Form des Stumpfsinns mit Stockfischmus verknüpft ist, welche Erregung von gebratener Gänseleber hervorgerufen wird. Wenn Sie Protokoll führen, geht es nicht darum, die Konsequenzen verschiedener Zubereitungsarten miteinander zu vergleichen. Ihre Aufgabe besteht vielmehr

darin, dass Sie die undurchsichtigen Entwicklungen Ihrer eigenen Identität auf den verschlungenen Pfaden der Verdauungstätigkeit verfolgen.

Unter diesen Umständen bleiben Sie nämlich von einem Augenblick zum nächsten keinesfalls »derselbe«. Fragen Sie, wie es denn steht um uns und um die großen Worte von der Willensfreiheit, dem Bewusstsein, dem Individuum, der Vernunft, dem moralischen Gesetz und noch einige andere große und schöne Ideen, wenn uns ein bisschen Fett umwirft und ein paar Kalorienbomben uns in ein anderes Universum katapultieren. Nach ein paar Tellern Suppe hat unsere hochgerühmte Verstandeskraft ihr Pulver verschossen. Vergessen wir das nicht.

34 Sich wie ein Tier benehmen

Dauer: 10 bis 20 Minuten
(zur Wiederholung empfohlen)
Material: keines
Wirkung: mutierend

Schließen Sie die Tür. Während dieses Experiments sollten Sie auf jeden Fall ungestört bleiben. Sobald Sie sicher sind, dass Sie allein sind und Ruhe haben, fangen Sie an, ein Tier Ihrer Wahl nachzuahmen. Hecheln Sie beispielsweise wie ein Hund, mit heraushängender Zunge und einem rauen Geräusch in der Kehle bei jedem Atemzug. Beschnüffeln Sie geräuschvoll den Teppich, widmen Sie den Beinen der Möbelstücke besondere Aufmerksamkeit, rollen Sie sich zusammen, legen Sie sich hin, eine Wange an den Boden geschmiegt, und knabbern Sie an ihrem Ellenbogen oder Vorderarm. Sie können aber auch, je nach Lust und Laune, miauen, gackern, blöken, fauchen, wiehern, muhen. Und führen Sie die dazu gehörigen Gesten aus.

Imitieren Sie nicht! Es geht nicht darum, die Laute zu reproduzieren oder das Verhalten nachzuahmen. Ein mögliches Imitationstalent ist Ihnen hier überhaupt nicht dienlich. Viel eher hinderlich. Denn Sie sollen sich in das Tier »hineinversetzen«, das Sie sich ausgesucht haben. Lassen Sie sich gehen. Beobachten Sie sich wenig oder gar nicht. Je nach den Umständen können Sie auch knurren oder klagen. Beginnen Sie unregelmäßig zu atmen, schleppen Sie sich auf dem Fußboden entlang, scheuern Sie den Kopf an der Mauer, am Boden. Sabbern Sie, lecken Sie sich, machen Sie schwere oder luftige Bewegungen. Legen Sie sich, wenn nötig, andere Zähne, Muskeln, Gerüche zu. Bekommen Sie nach Bedarf Krallen, einen Schnabel, Fell, Hörner. Um Fortschritte zu erzielen, müssen Sie das Experiment wiederholen. Keine Erfolgsgarantie. Nichts zu verstehen. Alles zu erleben.

Auf jeden Fall werden Sie sehr rasch feststellen, dass einige Wege begehbar sind, andere nicht. So fällt es Ihnen relativ leicht, ein Wolf, Löwe, Elefant oder auch eine Hyäne, eine Antilope, ein Eisbär zu sein. Doch jenseits der Säugetiere beginnen weniger zugängliche Gebiete, von Ausnahmen und besonders begabten Personen abgesehen. Ameise, Zecke, Fliege, Spinne und Ähnliches zu werden ist jeweils sehr schwierig. Auch Schlangen, Regenwürmer, Wirbellose überhaupt verweigern sich hartnäckig. Das weite Feld der Fische, Vögel, Weichtiere erschließt sich den metamorphen Bemühungen von Dilettanten nur spärlich. Ganz zu schweigen vom

Riesenreich der Bakterien, das uns fast ganz verschlossen bleibt.
Mit einem Wort, die Welt ist klein.

35 Einen Vogelkadaver betrachten

Dauer: 10 bis 15 Minuten
Material: ein toter Vogel, nach Möglichkeit einer, der schon mehrere Tage tot ist
Wirkung: meditativ

Man sieht sie überall auf dem Land. Vor allem im Frühjahr oder mitten im Sommer. Wer viel spazieren geht, stößt zwangsläufig auf sie. Junge, die aus dem Nest gefallen sind, Jungvögel, die von einem Greifvogel angefallen worden sind und ihre Wunden nicht überlebt haben, oder Altvögel, die eine Schrotladung erwischt hat und die sich zurückgezogen haben, um an einem ruhigen Plätzchen zu sterben. Kümmern Sie sich nicht um die Ursachen. Weder um das Wie noch um das Warum. Doch statt Ihren Weg fortzusetzen und den toten Vogel nicht weiter zu beachten, bleiben Sie stehen und betrachten ihn.

Schauen Sie sich aufmerksam das glanzlose Federkleid an, das oft schon mit Staub oder Erde beschmutzt ist. Registrieren Sie die grauen oder weißen Augen, vielleicht auch die leeren Höhlen, und die Ameisen, die kommen und gehen, die Würmer. Achten Sie auf die leblosen, aufgegebenen, nicht mehr dazugehörigen Füße. Schauen Sie, ob Knochen sichtbar sind, zierliche Vogelknochen. Lassen Sie sich vor allem nicht die Erniedrigung, den Abstieg entgehen, die für einen Vogel besonders schmutzige und primitive Erscheinungsform, als Kadaver auf der Erde zu liegen, gedemütigt. Allem nur enthoben durch die Unwissenheit eines seltsam tiefen Schlafes.

Wenn Sie das alles offenen Auges in sich aufnehmen, finden Sie den Anblick sicherlich traurig. Ein ausgelöschtes Leben. Ein Körper am falschen Platz, ein Vogel, der erstarrt am Boden liegt. Das trägt Vernichtung und Scheitern in sich. Das Experiment besteht darin, diesen Eindruck abzuschütteln, während Sie immer aufmerksamer und genauer hinschauen.

Sie sehen, dass der Vogel nie wieder zum Leben erwachen wird. Auch, dass er nichts mehr spürt. Und dass es ist, wie es ist, ohne dass man es ändern könnte oder beklagen müsste. Ohne Bedauern und ohne Vorwurf. Je länger Sie hinschauen, desto klarer kann Ihnen aber auch werden, dass der Anblick dieses Kadavers nicht den geringsten Anlass zur Trauer bietet. Es gibt nur die Gegenwart. Und in Ihnen wächst die Erkenntnis, dass sie vollkommen ist. Weil es außer ihr nichts gibt.

Das ist nicht auf Anhieb zu begreifen. Vielleicht ist es uns letztlich nicht gegeben, diesen Umstand wirklich zu verstehen, sondern nur, ihn zu empfinden. Doch wenn Sie Ihre Augen nicht verschließen, werden Sie auf jeden Fall feststellen, dass es keine andere Welt gibt, die wir sehen können. Dass alles, absolut alles, hier und jetzt ist. In der Gegenwart. Dass es nichts anderswo, vorher, irgendwo in Zeit und Raum gibt, was anders, besser, erstrebenswerter, vergleichbar wäre. Nichts als dies hier.

36 Ein Kinderspielzeug wiedererkennen

Dauer: unvorhersehbar
Material: ein Spielzeug, das Ihnen einmal gehört hat
Wirkung: reduzierend

Sie räumen einen Dachboden oder einen Keller auf. Tauchen ein in ein Haus, in dem Sie einmal gelebt haben. Erbschaft, Großeltern, Onkel in der Provinz oder eine alte Kiste mit Dingen aus Ihrem Leben. Oder Sie sind, was allerdings sehr unwahrscheinlich ist, beim Trödler darauf gestoßen. Auf jeden Fall hält man plötzlich ein vergessenes Spielzeug in den Händen. Es ist unbedingt erforderlich, dass Sie es vergessen haben. Vollkommen. Sie haben nicht mehr die geringste Erinnerung daran. Gewiss, Sie haben noch ein paar Vorstellungsreste von Gegenständen, die in Ihren ersten Lebensjahren eine Rolle gespielt haben. Ein paar können Sie sich noch ins Gedächtnis rufen. Aber das hier ist nicht dabei. Dieses Spielzeug war Ihnen entfallen, und von allein hätten Sie sich nie darauf besonnen.
Doch sobald Sie es vor Augen haben, erkennen Sie es

wieder. Sofort, auf Anhieb, ohne Zweifel. Dieses Spielzeug ist Ihnen vertraut, bekannt, alltäglich, wesensverwandt. Es ist Ihres. Jeden Farbtupfer, Kratzer, Bleistiftstrich erkennen Sie wieder. Einen winzigen Riss, eine Unebenheit am Rand, ein kleines Stück, das fehlt, alles ist Ihnen geläufig, ohne nachzudenken, mit absoluter Gewissheit. Augenblicklich fühlen Sie sich in die Welt dieses Spielzeugs versetzt, in die ihm eigene Zeit, seinen besonderen Raum. Sie werden von seiner Gegenwart vereinnahmt, ohne deshalb Ihrer eigenen Wirklichkeit entfremdet zu werden.

Wie ist das möglich? Warum sind diese lebendigen, zahlreichen, exakten Details immer zugleich unzugänglich und verfügbar? Verschwunden, aber nicht ausgelöscht. Augenblicklich reaktiviert oder vielmehr reaktivierbar. Sind denn Welten in der Gegenwart enthalten, in sie verschachtelt, Welten, die vorhanden sind, ohne dass wir es wissen? Bewegen wir uns in der Zeit, umgeben von Leben auf Vorrat, von virtuellen Existenzen?

37 Warten, ohne etwas zu tun

Dauer: 10 Minuten bis mehrere Stunden
Material: Wartesaal oder Ähnliches
Wirkung: besänftigend

Es ist eine besondere Form des Wartens: Sie können nicht handeln, Sie wissen genau, wie es ausgehen wird, trotzdem können Sie nicht sagen, wie lange es dauern wird. Geeignete Orte sind Wartezimmer von Ärzten, von Behörden oder auch Wartesäle auf Flughäfen oder in Bahnhöfen, besonders an Tagen, an denen gestreikt wird. Sie wissen, dass Sie irgendwann ins Sprechzimmer gerufen werden, dass Ihr Vorgang bearbeitet wird, dass das Flugzeug starten und der Zug schließlich auf dem Bahnhof einfahren wird. Folglich ist die Situation anders als bei Wartezeiten, bei denen der Ausgang ungewiss, möglicherweise sogar beunruhigend ist. Sie sind zur Passivität gezwungen: Sie haben keine Möglichkeit, den Vorgang zu beschleunigen. So sind Sie direkt mit der Dauer konfrontiert, mit dem nicht zu beeinflussenden Verstreichen der Zeit, diesem mehr oder minder langsamen, mehr oder minder zähflüssigen Prozess. Viele Menschen können eine solche Situation nur schwer ertragen. Sie treffen alle möglichen Vorkehrungen, um die Begegnung mit dem Verstreichen der Zeit zu vermeiden, lesen Zeitschriften, Romane, Aufsätze, machen sich Notizen, blättern in ihrem Terminkalender, ordnen den Inhalt ihres Aktenkoffers, telefonieren mit dem Handy, arbeiten mit dem Laptop oder lenken sich damit ab, die Passanten zu betrachten. Kurzum, sie beschäftigen sich, füllen die Zeit, die ihnen zur Verfügung gestellt und aufgezwungen wird, mit Aktivitäten, großen und kleinen Ideen und Aufgaben verschiedenster Art.

Führen Sie doch ein Experiment durch, das genau umgekehrt verfährt. Tun Sie gar nichts. Ohne nervös zu werden oder sich zu langweilen. Lassen Sie sich in der Zeit treiben, in der Gewissheit, dass sie von allein verstreicht, unerbittlich, mit oder ohne Ihr Zutun. Geben Sie sich ohne Beunruhigung dieser kompletten Passivität anheim. Alles kommt, wie es kommen muss, und hängt nicht von Ihnen ab. Sie können gedankenlos, willenlos, untätig, gleichgültig, schläfrig, abwesend sein – trotzdem vergeht die Zeit, und dieser Moment wird irgendwann vorbei sein. Vielleicht werden Sie feststellen, dass Sie die Zeit nicht totzuschlagen brauchen. Sie stirbt von allein, unaufhörlich, endlos.

38 Versuchen, nicht zu denken

Dauer: 10, dann 20, dann 30 Minuten
Material: keines
Wirkung: keine

In diesem Experiment geht es um eine Grenzerfahrung. Überhaupt nicht zu denken, wenn man wach und im Vollbesitz seiner Kräfte ist, gelingt einem nicht oder nur sehr kurzfristig. Es kann sich also nur um Versuche handeln. Diese lassen sich mehr oder weniger lange fortsetzen. Sie kommen dem Unmöglichen mehr oder minder näher. Die einen streifen es fast, die anderen nehmen es nur undeutlich am Horizont wahr.

Warum ist es unmöglich, nicht zu denken? Eine solche Erfahrung ist wider die menschliche Natur und würde uns einen Fluchtweg aus dem unaufhörlichen Raunen der Sprache eröffnen. Wir würden im Stumpfsinn versinken, im reinen, unmittelbaren, tierischen Leben. Oder wir würden, was letztlich auf dasselbe hinausliefe, ins bodenlose, abgrundtiefe, stumme Reich des Göttlichen fallen. Möglicherweise bildet das Denken ein behelfsmäßiges Zwischenglied. Nicht ganz göttlich und nicht nur stumpfsinnig. Eine bestimmte Art, sich zwischen Ewigkeit und Augenblick abzustrampeln. Oder zwischen dem Schweigen und den Wörtern, zwischen Gegenwart und Abwesenheit, zwischen Sein und Nichts und so weiter.

Es hört auf jeden Fall nicht auf. Möglich sind nur flüchtige, genau begrenzte Unterbrechungen – und diese sind ein lohnender Gegenstand für Experimente. Um sie zu erforschen, müssen Sie in kleinen Schritten vorgehen. Stufen-, etappenweise. Die erste Bedingung lautet: Verkrampfen Sie sich nicht, lassen Sie es einfach geschehen. Der Wille kann hier nur auf Umwegen, indirekt Einfluss nehmen. Es handelt sich nicht um ein Projekt, das man durchführen kann, und es bringt selbstverständlich nichts, wenn man denkt, dass man nicht denkt. Besser, man macht sich darauf gefasst, dass man scheitern wird. Immer wird man schon nach kurzer Zeit von einem Gedanken ereilt. Der Misserfolg steht fest. Also ist jeder Fortschritt schon ein Erfolg.

Das wirksamste Training besteht darin, die Gedanken geschehen zu lassen, sie nicht zu behindern (das ist unmöglich), sich aber auch nicht an ihnen festzuhalten (das ist möglich). Lassen Sie sie vorbeiziehen wie Wolken, unaufhaltsam und fern. Üben Sie sich in der Gleichgültigkeit des Himmels. Distanzieren Sie sich von allem, was an Ihnen vorbeizieht. Lassen

Sie sich nicht hineinziehen, mischen Sie sich nicht ein, begnügen Sie sich damit, zu betrachten, was Sie vor Augen haben. Das ist alles. Sie haben noch Sinneswahrnehmungen (Farben, Licht, Atem, Haut, Muskeln, die Geräusche um Sie herum), aber Sie nehmen sie nicht in Ihr Bewusstsein auf, erst recht nicht in Ihre Gedanken oder Äußerungen. So gelangen Sie schließlich, gelegentlich, stückweise bis in den klaren Himmel, das leere Licht, ohne Bewegung und ohne Form.

Diese kurzen Erfolge können lange Konsequenzen haben. Ihre Auswirkungen reichen weit über den Augenblick hinaus, in dem sie stattgefunden haben. Selbst wenn sie vereinzelt sind, sie bleiben.

39 Zum Friseur gehen

Dauer: rund 1 Stunde
Material: ein Friseursalon
Wirkung: haarsträubend

Es ist einfach. Sie treten ein, lassen sich die Haare waschen, dann schneidet sie jemand – ein bisschen, viel oder gar nicht. Das Experiment besteht zunächst in der Erfahrung, wie viel komplizierter diese triviale Situation ist, als es den Anschein hat. Sie können sich beispielsweise vorstellen, dass Ihre Haare kein vollkommen gleichgültiger Teil Ihres Körpers sind. Die Beziehung, die Sie zu ihnen unterhalten, ist nicht einfach zu verstehen. Sind sie leblos oder lebendig? Unempfindlich oder von Nerven anderer Art durchzogen? Sind sie außerhalb Ihres Körpers? Innerhalb? Dazwischen?
Was geschieht, wenn man sie abschneidet? Möglicherweise stehen Ihre Haare in direkter Beziehung zu Ihren Ideen, und die werden nie wieder sein, was sie mal waren, wenn Sie den Salon verlassen. Der Friseur wird Ihnen die Seele geschnitten haben, sie wird nicht wiederzuerkennen, nicht mehr zu gebrauchen sein, Sie werden sich nicht mehr in sich

selbst befinden. Sie werden ein anderer Mensch mit umgekrempeltem Inneren sein.
Oder aber der Friseurbesuch verändert Ihr Erscheinungsbild vollständig. Sie werden nicht mehr denselben Kopf haben, alles wird verändert sein, die Form der Nase und die Augenfarbe, die Größe der Wangen, Ihr ganzer Körper wird sich gewandelt haben, er wird kleiner oder größer geworden sein, schmächtig oder aufgeschwemmt.
Vielleicht sind die Friseure auch Erzengel, Gesandte Gottes, Erlöser ganz in unserer Nähe. Dann werden Sie den Salon als Erleuchteter verlassen, als Verwandelter, von Sphärenmusik getragen und vom Jubel der Erlösung erfüllt.
Ob verloren oder erlöst, auf jeden Fall werden Sie einen entscheidenden Augenblick erleben. Sie werden Ihrem Schicksal begegnen. Eine Verwandlung ohnegleichen kündigt sich an, ein schreckliches Geschehen, eine unbeschreibliche Alchemie. Die Sitzung beim Friseur wird sie fassungslos, sprachlos, von inneren Kataklysmen aufgewühlt zurücklassen. Daran müssen Sie glauben.
Der zweite Schritt des Experiments besteht darin, diese Phantasien mit dem Antischuppenshampoo zu säubern. Sie wissen natürlich, dass in Wirklichkeit nichts dergleichen geschehen wird. Sie lassen sich die Haare schneiden, und das ist alles. Der Friseur wird seine Sache mehr oder weniger gut ge-

macht haben, mehr oder weniger in Übereinstimmung mit Ihren »ästhetischen« Vorstellungen. Doch diese kleinen Abweichungen sind ohne Folgen. Sie haben nicht die geringste Bedeutung.
Sie haben umsonst geträumt. Doch zumindest haben Sie erfahren, wie weit Ihre Phantastereien von der Wirklichkeit entfernt sind. Die Wirklichkeit ist fast immer flach, banal, einfach, ohne jeden Tiefgang. In einer Hinsicht beruhigend.

40 Mit geschlossenen Augen duschen

Dauer: 5 bis 10 Minuten
Material: Dusche
Wirkung: pazifisch

Sie wissen nicht, woher das Wasser kommt. Mit geschlossenen Augen können Sie sich etwas anderes als eine Dusche vorstellen: Tropenregen zum Beispiel. Vielleicht sind Sie nicht allein, Menschen betrachten Sie. Eine Szene beginnt sich herauszubilden, bald eine ganze Geschichte. Schluss. Darum geht es nicht.

Lassen Sie einfach das warme Wasser, die Tropfen, den Strahl, das Strömen auf sich wirken. Spüren Sie nur das, ohne etwas zu sehen, andere Laute zu hören als die des Wassers. Versuchen Sie, sich allein auf diese eine Wahrnehmung zu konzentrieren, ohne Sinn, ohne Vorstellungen, nur auf das warme Wasser. Beschränken Sie sich ganz auf das, was unter dem Wasser steht, aufrecht, das Gesicht der Dusche zugewendet. Es gibt nur die Haut Ihres Gesichts unter dem Wasser, nur das. Sie haben nichts zu sagen. Stumpfsinnig harren Sie aus, spüren sich unter der

Schwere des Wassers. Nur diese Wahrnehmung, oder fast.

Halten Sie es aus, ohne sich aufzulösen, halten Sie es aus in der Nässe. Vermeiden Sie alles, was auch nur von fern Ähnlichkeit hat mit Gebet, Ekstase, Spinnerei, Esoterik. Bleiben Sie einfach, wo Sie sind, die Haut nass und mehr nicht. Gelegentlich ist es schwer, den ganzen Rest nicht zur Kenntnis zu nehmen. Gedanken kommen, Ideen tauchen auf. Einige hartnäckige Fragen lassen einfach nicht locker. Auch einige Sorgen nicht. Das Wasser läuft an Ihnen hinunter, wäscht alles ab. Noch funktioniert es. Bleiben Sie einfach im engen Kreis des Wasserstrahls.

41 Auf dem Bauch in der Sonne schlafen

Dauer: rund 1 Stunde
Material: Badetuch, Sonne
Wirkung: rebellisch

Anfangs spüren Sie nur eine leichte Benommenheit, Betäubung. Dann wird der Druck der Brust auf dem Boden stärker, die Atmung verlangsamt sich, die Formen werden verschwommener, die Rufe in der Ferne leiser. Sie spüren nichts als die gespannte Wärme ihres Rückens wie eine beruhigende Decke und die Trockenheit der Beine. Ein leichter Wind verhindert, dass die Gluthitze unangenehm wird. Sie spüren nur den Schutz des warmen Lichts, seine gleichmäßige Ausdehnung. Nackt und schlaff sind Sie ganz umfangen von seiner milden Fürsorglichkeit und haben keine Furcht, sich zu erkälten. Dieser Gedanke beruhigt Sie so sehr, dass Sie schläfrig werden. Und schon liegen Sie in tiefem Schlummer.
Das Erwachen einige Zeit später ist merkwürdig. Nicht wirklich angenehm. Sie wissen nicht recht, wo Sie sind, warum Sie geschlafen haben, welche Bewegung Ihnen helfen kann, den Schlaf zu überwinden.

Sie spüren die große Hitze, die sich Ihrer Haut bemächtigt hat, und haben Angst vor einem Sonnenbrand. Und dem Krebs, der dann nicht mehr weit ist, den heimtückischen Melanomen, den Metastasen, die sich überall einnisten. Und so verfallen Sie, während Sie auf eine Tasse Kaffee warten, in einen äußerst hässlichen Todeskampf.
Lassen Sie sich das nicht gefallen. Pfeifen Sie auf die Medizin, die Vorsicht der Fachleute, die Handelsreisenden der Angst und der Folgsamkeit. Weigern Sie sich, in einer vollklimatisierten Höhle steinalt zu werden, wo Sie nur noch mit Chicorée und Champignons genährt, mit klarem Wasser getränkt, vor jeglicher Strahlung von außen geschützt werden. Bedenken Sie, dass Sie nach allem, was wir wissen, früher oder später doch sterben, auf eine mehr oder weniger hässliche Weise. In der Zwischenzeit sollten Sie schlafen, wie es Ihnen gefällt. Was auch für alle anderen Betätigungen gilt.

42 In den Zirkus gehen

Dauer: 2 bis 3 Stunden
Material: Zirkusvorstellung
Wirkung: humanisierend

Vor Menschen, die nicht gern in den Zirkus gehen, sollte man sich in Acht nehmen. Bestimmt sind sie viel zu tüchtig und selbstsicher – unbarmherzig. Um das zu verstehen, setzen Sie sich, selbst wenn Sie nicht sonderlich interessiert sind, ganz nah an die Manege. Suchen Sie sich nach Möglichkeit einen kleinen Zirkus aus, keinen prachtvollen, sondern einen, der mit der Not zu kämpfen hat. Nicht Madison Square Garden, Barnum oder eines der anderen Großunternehmen. Da lässt sich diese Mischung aus Not und Träumen kaum beobachten, die den Zirkus so rührend macht.
Denn normalerweise haben diese Orte etwas Ärmliches. Etwas, was wesentlich und notwendig zu ihnen gehört. Das Sägemehl in der Manege, der Geruch von Pferdeäpfeln, der Staub der alten Leinwände, die Ausdünstungen des Wollfetts im Gewebe des Zeltes. Wichtig ist auch, dass es sich um einen geschlossenen Raum handelt – der Kreis der Ma-

nege, der Himmel aus Zeltleinwand, das Geländer. Der Zirkus begrenzt einen Raum, der ihm eigentümlich ist. Eine Welt, die sich nicht mit dem Rest des Universums mischt. In gewissem Sinne grenzt sich der Zirkus genauso deutlich ab wie die Welt der Menschen.

In dieser umgrenzten Sphäre wird eine Traumblase geschaffen. Mit einfachsten, sogar törichten oder vulgären Mitteln: Pailletten, Strass, allem, was glitzert. Talmi und Imitat. Falscher Luxus, falscher Glanz, getürkte Leichtigkeit, erzwungene Fröhlichkeit vor einem Hintergrund aus trister Armut. Das macht den Zirkus so rührend, so exemplarisch – und zu einem einfachen Modell menschlicher Existenz, in dem unermüdlich billige Träume in Schmutz und Elend erschaffen werden. Jeden Abend um 20.30 Uhr und sonntags auch um 15 Uhr.

Also machen Sie sich auf in den Zirkus. Stellen Sie sich an der Kasse an. Erstehen Sie eine teure Eintrittskarte für die Unbequemlichkeit, die Baufälligkeit, den durchdringenden Geruch. Für langes, unbequemes Sitzen. All diese Unbequemlichkeiten werden Sie rasch vergessen. Es wird Ihnen gelingen, alle Beeinträchtigungen abzuschütteln, sich ganz der Leichtigkeit der Akrobaten und den verblüffenden Fähigkeiten der Zauberer hinzugeben. Sie werden von einer Menschheit träumen, die sich in den Kristallkugeln des Scheinwerferlichts bewegt, zum

Klang der Fanfaren lächelt und glücklich ihre Zuckerwatte verspeist. Fast gelingt es Ihnen, die Menschen in der Manege schön zu finden, mutig, verdienstvoll, mit Tugenden begabt, zu großen Taten fähig, von übermenschlichem Format, die Körper strahlend und göttergleich, so geschmeidig, leichtfüßig, rasch und luftgeboren. Eine Zeit lang schweben Sie in dieser paillettenbesetzten Seifenblase.
Und dann kommt das Wichtigste, Rührendste – etwas misslingt. Ein Ball fällt zu Boden, ein Trapez löst sich aus seiner Halterung, ein Vogel rührt sich nicht vom Fleck. Sie bemerken, dass die schöne Schlangenfrau ein Loch in der Strumpfhose hat. Irgendetwas Bemitleidenswertes sehen Sie. Einen Stolz, der ins Straucheln gerät. Einen Traum, der auf den Boden der Tatsachen zurückgeholt, das heißt befleckt, beschädigt wird. Eine erschütternde Panne. Eine Metapher des menschlichen Eigensinns. Sie sollten immer wieder in den Zirkus gehen.

43 Kleidungsstücke anprobieren

Dauer: 30 bis 50 Minuten
Material: Bekleidungsgeschäft
Wirkung: träumerisch

Schon seit Jahrtausenden dient die Kleidung nicht mehr dazu, uns vor Kälte oder Regen zu schützen oder eine vorgebliche Scham zu wahren. Es ist kaum vorstellbar, dass selbst die einfachsten Kleidungsstücke nur eine wärmende Funktion haben sollen. Sicherlich haben sie alle auch eine symbolische Aufgabe zu erfüllen. Nebenbei bemerkt, die Anthropologen kennen keine Gesellschaft, in der die Kleidung nur der praktischen Nützlichkeit dient. Immer ist sie kodiert, einbezogen in die Spiele der Macht, der Normen, der sozialen Rollen.

Wir haben ihre Erscheinungsweisen und Bedeutungen unendlich vervielfältigt. Die Kleidungsstücke berichten von den sozialen und geographischen Orten, von denen wir stammen, von der Macht, die wir ausüben oder erleiden, sie künden von der Klasse, dem Charakter, dem Alter, der Beschäftigung, von Regelverletzung und Anpassung. Sie können sagen:

»Ich bin ein junger Mann aus einer Stadtrandsiedlung, der seinen beengten Verhältnissen entkommen will, indem er die gleichen Marken trägt wie die jungen Leute aus gutbürgerlichen Verhältnissen, aber ich wähle andere Farben und stelle sie in einer Weise zusammen, die diesen jungen Leuten unangemessen erscheint, merke es aber nicht.« Oder: »Ich bin eine wohlsituierte Ehefrau aus einem schönen Wohnviertel, meine Kinder sind groß, mein Mann langweilt mich, mein Liebhaber ebenfalls, aber Sie könnten Ihr Glück versuchen, wenn Sie den Kode kennen und wissen, wie man den Oberkellner herbeiwinkt.«

Probieren Sie Kleidungsstücke an, nicht um sie zu kaufen, sondern um mit unerwarteten Erscheinungsbildern zu experimentieren. Statt wie sonst nach Dingen zu suchen, die Ihnen stehen, die Ihrem Geschmack entsprechen, zu Ihrem Status und Ihrer Statur passen, sich mit Ihrer Morphologie und Imagination vertragen, wählen Sie Kleidungsstücke, die überhaupt nicht zu Ihnen passen. Die zu jung oder zu alt für Sie sind, zu modisch oder zu schäbig, zu auffällig oder zu schlicht. Auf jeden Fall Kleidung, die unangemessen, übertrieben, deplatziert ist – und die Sie jedes Mal zum Lachen bringt, wenn Sie sich damit im Spiegel sehen.

Stellen Sie sich vor, Sie wären eine dieser Anziehpuppen aus Pappe, denen man alle möglichen Kleidungsstücke mittels kleiner Papierzungen, die sich nach hinten umklappen lassen, anlegen kann. Oder träumen Sie von Barbie und Ken. Versuchen Sie auf diese Weise, sich als Rockmusiker, Diplomat, Verkäufer, Rapper, Bauer, Schlachter, Grafiker, Entenjäger, Intellektueller, Müllmann, Fußballer, kleiner Angestellter zu sehen. Jedes Mal erfinden Sie das Leben, das zu den gewählten Textilien passt: eine bestimmte Art zu sprechen, zu essen, Wohnung, Freizeitverhalten, Reisen. Dann hängen Sie alles wieder auf einen Bügel und danken dem Personal.

44 Schönschreiben

Dauer: 20 bis 30 Minuten
Material: gutes Papier, gute Feder
Wirkung: sammelnd

Schreiben ist keine geistige Betätigung. Es ist zunächst eine motorische Aktivität der Hand. Vielleicht ist es das hauptsächlich. Was man denkt, was man als mutmaßliche oder vorgebliche Bedeutungen auf das Papier schreibt, ist sicherlich weit weniger wichtig und weit weniger interessant als die Aufmerksamkeit, die erforderlich ist, um wohlgeformte Buchstaben entstehen zu lassen, ihre Umrisse ästhetisch ansprechend auszuarbeiten, die Geraden und Krümmungen, die Schleifen und die Punkte in ein delikates Gleichgewicht zu bringen.
In diesem Experiment bemühen Sie sich zunächst, in gleichbleibendem Rhythmus, ohne abzusetzen, ganz regelmäßig Sätze niederzuschreiben, die Ihnen durch den Kopf gehen, auch wenn sie höchst banal sind. Es zählt, wie gesagt, nicht die Tragweite dessen, was Sie zu Papier bringen. Der Inhalt der Zeichen, ihr »Sinn«, wie man sagt, ist nur von zweitrangiger Bedeutung. Das Einzige, worauf es ankommt, ist die

Regelmäßigkeit der Striche, ihr geordnetes Fortkommen, die saubere Verkettung der Buchstaben, ihre Wohlgeformtheit, Lesbarkeit, Proportioniertheit, Unterscheidbarkeit.
Konzentrieren Sie Ihre Aufmerksamkeit auf die genauen und winzigen Bewegungen Ihrer Muskeln, die kurzen Wege der Kugelschreibermine oder der Feder. Achten Sie darauf, zwischen zwei Sätzen nicht oder so wenig wie möglich innezuhalten. Behalten Sie Ihren Rhythmus bei. Was Sie schreiben, spielt keine Rolle. Dass Sie schreiben, genügt. Vermeiden Sie nach Möglichkeit jede Beschleunigung oder Verlangsamung. Die Schrift sollte sorgfältig, exakt, aber in ihrem Verlauf auch gleichmäßig, konstant und flüssig sein. Das Tempo sollte kaum Schwankungen unterworfen sein. Versuchen Sie, eine fast vollkommene, automatische Kontinuität zu erreichen. Wie gesagt, es zählt allein die Tatsache, dass sie unabänderlich, mit einem Eifer, der sich mehr und mehr von Ihrem Willen emanzipiert, waagerechte Linien aus einer ehernen Abfolge von Buchstaben und Wörtern zu Papier bringen.
Sie können schreiben, was Ihnen in den Sinn kommt, Kindheitserinnerungen, Besorgungen, die Sie noch erledigen müssen, neue Schimpfworte, eine Parodie des Polizeiberichtes, Liebesbriefe, Postkartengrüße aus dem Urlaub, intime Geständnisse, die Steuererklärung, einen Unfallbericht. Wichtig ist

nur, dass Sie sich so wenig wie möglich um den Inhalt der Sätze kümmern. Egal, welche Bedeutung sie haben, Sie betrachten sie nur als einen Anlass, Ihre Schriftzeichen auszuführen.

Das Experiment soll Ihnen ein Gefühl dafür vermitteln, wie die Linien vorankommen, wie sich eine Seite nach der anderen mit Schönschrift füllt, gleichgültig bleibt gegenüber dem, was die Sätze zum Ausdruck bringen. Auf der einen Seite die Unruhe der Begriffe, der Grammatik und der Gefühle, das Gären des Sinns, das Ausufern seiner Zusammenhänge und Konflikte. Auf der anderen Seite (aber gibt es überhaupt eine andere »Seite«?) der bedeutungslose, fast reine, automatische Schreibrhythmus, nur getragen von der Notwendigkeit, sich unablässig vorwärts zu bewegen, immer aufs Neue mit sich selbst identisch zu sein.

Vielleicht empfinden Sie dabei, dass alles, was man zu sagen und zu denken glaubt, doppelt ist. Jenseits des definierten und übermittelten Sinnes, der mehr oder weniger bekannt, aber stets von gängiger Erscheinung ist, ahnen Sie wahrscheinlich die heimliche, unerschöpfliche, unergründliche Anwesenheit einer fortlaufenden Inschrift, getrieben von der eigenen Bewegung. Einer Inschrift, die nichts zu tun hat mit dem, was die Wörter zum Ausdruck bringen wollen. Völlig gleichgültig gegen alles, was die Texte an Ideen, Informationen, Gefühlen übermitteln.

Schriftzüge, nichts als Schriftzüge. Schriftzüge, die die Körper, Gedanken, Muskeln, Blätter durchdringen. Der unendliche Strom des Schreibens.

45 Feuer im Kamin machen

Dauer: 15 bis 20 Minuten
Material: Kamin, Holz, Zeitungspapier
Wirkung: primitiv

Dieses simple Entzünden eines Feuers im Kamin sollte sein wie ein altes Ritual, dessen Bedeutung Ihnen entfallen ist. Sie kennen zwar ein paar Fallen, die es zu vermeiden gilt. Sagen Sie sich jedoch, dass Sie den Zweck dieser Handgriffe nicht mehr kennen. Sie wissen überhaupt nicht mehr, was es heißt, ein Feuer anzuzünden. Sogar warum dieser Vorgang Sie seit jeher so eigenartig berührt, Ihnen so faszinierend und tröstlich erscheint, haben Sie vergessen.
Also verfahren Sie wie immer, nur dass Sie sich diesmal dabei beobachten. Zunächst liegen Sie auf den Knien oder sitzen in der Hocke und bereiten die Feuerstelle vor, das heißt, Sie entfernen die Asche oder schieben sie beiseite, wobei Sie darauf achten, dass das Feuer genügend Platz hat und Sauerstoff bekommen kann. Am Anfang dürfen die Holzscheite nicht zu groß sein. Sie sollten sie anheben – durch Feuerböcke, einfache Ziegelsteine oder auch

Holzstücke –, damit die Luft auch unter ihnen zirkulieren kann. Fügen Sie genügend kleine Hölzer hinzu – Zweige, Späne, das Holz von Obstkörben. Schneiden Sie alte Zeitungsstapel (besser Tageszeitungen als Zeitschriften, die schlechter brennen) in dicke Streifen oder drehen Sie ein paar Seiten zu Fidibussen. Verstopfen Sie damit aber nicht die Zwischenräume. Denken Sie an die Luft unter den Scheiten.
Zünden Sie einige Seiten an und setzen Sie diese kleine Fackel direkt in die Mitte. Die folgenden Minuten sind am interessantesten. Die Reaktion lässt nicht lange auf sich warten: Es knistert, Funken fliegen, dann folgt schweres Knacken. Dann das erste Zischen schwitzenden Holzes. Sobald das Papier verbrannt ist, kommt die Zeit der Ungewissheit und des Zweifels: Die Flammen verschwinden, Glut ist so gut wie gar nicht vorhanden, der einzige Hoffnungsschimmer ist dichter Rauch. Der steigt weiter auf und ist dicht, fast undurchdringlich. Das verbrannte Papier ist an den Rändern anfangs noch ein bisschen gerötet, dann verlöscht es ganz. Es überkommt Sie die Furcht, das Feuer würde nie angehen, irgendwo könnte sich ein Fehler eingeschlichen haben (feuchtes Holz, schlecht zusammengeknülltes Papier, zu stark oder zu wenig). Zwar wirkt alles wie sonst, Sie haben aber trotzdem Ihre Zweifel. Sie befürchten – absurder-, ungerechtfertigter-, unbegründe-

terweise –, das Unternehmen Feuermachen könnte scheitern.
Ihnen ist nicht klar, ob die Hitze oder die Unruhe dafür verantwortlich ist, dass Ihnen die Röte ins Gesicht steigt. Sie versuchen, der kläglichen Glut durch Pusten auf die Sprünge zu helfen, vergeblich. Der Rauch wird dichter, das Zischen lauter, aber das Feuer will noch immer nicht Fuß fassen. Sie fragen sich, ob Sie noch weiteres Papier hinzufügen oder das Ganze von vorn beginnen sollen. Sie haben noch immer Ihre Zweifel. Plötzlich schießen kleine, lebhafte, helle Flammen aus dem Rauch und vertreiben diesen im Handumdrehen. Als wäre das Feuer plötzlich explodiert. Nun können Sie verfolgen, wie es die Scheite von unten erfasst, sich ihrer bemächtigt, sie rot färbt. Alles wird gut.
Fragen Sie sich, was Sie eben noch so beunruhigt hat und was Sie jetzt als so tröstlich empfinden. Vielleicht die immer noch lebendige Erinnerung an die Zeit, als der Verlust des Feuers die Hölle bedeutete. Jede Flamme, die plötzlich emporzüngelte, bedeutete den magischen Sieg über die Nacht, den Hunger, die Kälte, den Tod.

46 Wissen, dass man spricht

Dauer: einige Minuten
Material: keines
Wirkung: verwirrend

Es kommt darauf an, den Faden nicht zu verlieren, sich zu überlegen, was man sagen will, sich die Worte zurechtzulegen und auf ihre Aussprache zu achten. Wenn es Ihnen so ergeht, wissen Sie bald nicht mehr weiter und haben einen sehr unangenehmen Eindruck. Es kommt Ihnen vor, als sprächen Sie in ein Telefon und vernähmen das Echo Ihrer eigenen Stimme, ununterbrochen. Das hindert Sie fast daran, fortzufahren.

Tatsächlich brauchen wir nie zu wissen, dass wir gerade sprechen. Entweder schweigen wir, oder wir sagen etwas, das fast unser ganzes Bewusstsein ausfüllt. Es ist nicht empfehlenswert, sich zu sagen: »Ich bin dabei, etwas zu sagen, ich äußere den Satz, den ich äußere.« Bei einer solchen Einstellung laufen Sie Gefahr, gar keine Sätze mehr artikulieren zu können. Besonders gefährlich sind solche Gedanken, wenn Sie einen Vortrag, eine Rede, eine Vorlesung oder etwas Ähnliches halten – in allen Situationen, in denen ein Publikum mit gutem Recht erwartet, dass Sie nicht ohne Erklärung mitten im Satz abbrechen.

Gewöhnlich gelingt es Ihnen (wie uns allen), diese Panne zu vermeiden. Die Lösung besteht darin, das Wissen um die geäußerten Worte an den Platz zu verbannen, an den es gehört – einen zweitrangigen, randständigen, unwichtigen. Sich auf den Sinn, die Absicht, all das zu konzentrieren, was den Satz über sich hinausträgt. Fortzufahren, ohne ein einziges Mal zurückzublicken oder innezuhalten, um nicht Gefahr zu laufen, dass alles ins Stocken gerät. Das Sprechen liegt immer vor uns.

Lassen Sie mich noch auf die merkwürdige Konsequenz dieser Situation hinweisen. Wir sprechen nur unter der Bedingung, dass wir es nicht wissen. Dass wir in seinem Licht eine Art Dunkelheit bewahren, die seine Existenz selbst betrifft. Natürlich können wir vom Sprechen reden, Sätze formulieren, die das Sprechen zum Inhalt haben, aber unser Gegenstand ist nicht vorhanden. Wir können nicht sprechen, wenn wir daran denken.

47 Im Kino weinen

Dauer: rund 90 Minuten
Material: ein Spielfilm
Wirkung: besänftigend

Der Film muss sein, wie es sich gehört: nicht für Intellektuelle, leicht verständlich, vorhersehbar, durchsichtig. Unbedingt eine Liebesgeschichte. Sie setzen sich ganz nach vorn, damit Ihnen nichts entgeht, starren gebannt auf die Leinwand, vergessen alles. Schließlich glauben Sie, dass alles, was Sie sehen, wahr und groß ist. Schön und schrecklich traurig. Sie werden naiv, sentimental, gefühlsselig. Rückhaltlos, sonst ist es nicht Kino. Also: keine kritische Distanz, keine sauertöpfische Ernsthaftigkeit. Setzen Sie sich systematisch über alle Bedenken und alle Fragen hinweg. Werden Sie zum *dankbaren* Publikum. Mutig und entschlossen.
Und wenn die Liebenden getrennt werden, wenn die Heldin stirbt, wenn das Verbrechen, das Böse oder die Dummheit siegt, wenn alle Träume scheitern, wenn das Herz zerreißt, wenn die Geigen in Moll erklingen und die dumpfen Trommelwirbel ertönen, dann weinen Sie. Dann weinen Sie große, heiße Trä-

nen. Ohne nachzudenken und ohne sich zu schämen. Heftig, endlos, hemmungslos. Sie sind verzweifelt und getröstet zugleich, von der Geschichte mitgerissen, unfähig, sich ihr zu verweigern, tief bekümmert, glücklich, den Tränen ihren Lauf zu lassen, an nichts interessiert als an diesen Geschehnissen.

Da wir in einer Zeit leben, die von Zynismus, Kälte, Hohn und Spott geprägt ist, müssen wir uns freiwillig und vorsätzlich positive Empfindungen verschaffen. Ohne Berechnung. Einfach aus Vergnügen. Die stolze Schutzlosigkeit dieser Tränen, die sich unschuldig wähnen, bietet ein einzigartiges Vergnügen, eine Gelegenheit, die Schutzmauern fortzulassen, eine Zeit lang die Rüstung abzulegen.

48 Nach Jahren Freunde wiedertreffen

Dauer: 2 bis 3 Stunden
Material: Freunde von einst
Wirkung: chronologisch

Es handelt sich um ein Experiment, das man in verschiedenen Altersstufen durchführen kann. Je nach dem Lebensabschnitt, in dem man sich befindet, verläuft es unterschiedlich. Wenn Kinder sich zwei oder drei Jahre nicht gesehen haben, erkennen sie sich kaum noch, selbst wenn sie in einem relativ bewussten Alter viel miteinander gespielt haben. »Du weißt doch, das ist Antoine. Erinnerst du dich nicht an ihn? Na komm … Du musst Maryse doch erkennen. Schau nur, sie hat noch immer die gleichen Augen!« Verlegenes Lächeln, ausweichende Blicke. Sie sind bereit, es miteinander zu versuchen, erinnern sich aber an nichts, oder wenn, nur verschwommen. Trifft man in der Jugend nach längerer Zeit einen Freund oder eine Freundin wieder, ist die Begegnung zugleich amüsant und verwirrend. Sowohl das Vergnügen als auch die Befangenheit erwachsen aus den vertrauten Zügen, die erhalten geblieben sind, aus dem Aussehen, auf das man sich sogleich besinnt, das aber wesentlich zu tun hat mit den Brüsten oder den Barthaaren, all dem, was in dieser Zeit zu sprießen beginnt. Man findet die Anfänge in den ausgewachsenen Körpern wieder, das ist merkwürdig.

Bei Erwachsenen können die Zeiträume länger werden. Zehn, zwanzig, dreißig Jahre oder mehr, ohne dass man sich gesehen hat. Warten mit gemischten Gefühlen im Café oder Restaurant, die Frage, ob man sich wiedererkennt, und wenn, unter welchen Masken, welchen Falten, welchem Gewicht vergangener Zeiten. Eine seltsame Mischung aus Furcht und Zärtlichkeit, ohne dass man wirklich sagen könnte, ob die Furcht dem anderen oder einem selbst gilt. Genauso verhält es sich mit der Zärtlichkeit.

Und dann das merkwürdige Gefühl, wenn man den anderen in der ersten Sekunde erkennt (Woran? An den Augen? Dem Lächeln? Einer Kopfhaltung?) und fassungslos die Verwüstungen registriert. Der andere, daran kann kein Zweifel bestehen, ist gealtert. Man selbst auch, das weiß man natürlich, aber man sieht sich nicht. Und dann hat man Tag für Tag Gelegenheit gehabt, sich daran zu gewöhnen. Was einen dann seltsam berührt, ist die plötzliche Angst vor der schrecklichen Zeit, die einen eingeholt hat, indirekt, weil man mutmaßt, dass man auch selbst …

49 Bei den Bouquinisten flanieren

Dauer: 2 oder 3 Stunden
Material: mehrere Antiquariate
Wirkung: ungereimt

Ein Zufallsereignis. Unvorhergesehen haben Sie ein bisschen Zeit. Zwischen zwei Verabredungen oder weil Busse und Bahnen bestreikt werden. Oder einfach so, weil sie gerade vorbeikommen. Jedenfalls nichts Geplantes. Sie befinden sich bei den Bouquinisten. Lassen wir die Stadt, das Viertel, das Land oder die Jahreszeit beiseite. Ob Bücherpavillon, ein einzelnes Antiquariat oder auf der Straße ist egal, wichtig ist nur, dass sie sich mit Leib und Seele auf die Welt der Buchtitel einlassen.
Sie gehen von Regal zu Regal, von Auslage zu Auslage, von einer Wand zur anderen. Dabei suchen Sie nichts Besonderes. Sie sind einfach beflügelt von den Titeln, den Autoren, den Figuren. Als würde jedes Buch Sie anrufen, versuchen, Ihre Aufmerksamkeit auf sich zu lenken. Hinter jedem Einband vermuten Sie wie hinter vorgezogenen Vorhängen Leben und Dramen. In jedem Band erwarten Sie Schicksale.

Schicksale, die nicht der Rede wert sind, Allerweltsschicksale. Was soll's. Wenn Sie eintreten, wird es Sie mitreißen, eine Zeit lang und ein Stück weit.
Doch die Konkurrenz ist groß. Für welches der vielen tausend Bücher sollen Sie sich entscheiden? Wenn Sie nahe genug herantreten, hören Sie das werbende Raunen all der Titel: »Komm, lies mich, Süßer!«, »Nimm mich mit, du wirst es nicht bereuen …«, »Hast du mich erst einmal geöffnet, hörst du nicht mehr auf!«, »Auf dich hab ich gewartet! Nimm mich! Nimm mich!« So wandern Sie von einem Flüstern zum nächsten. Sie hören die leisen Stimmen, sie spüren den warmen Atem der Texte, die sich Ihnen andienen.
Und Ihnen geht eine Wahrheit auf: Literatur ist Prostitution. In einer Hinsicht zumindest. Jede gedruckte Geschichte ist eine Hure, die versucht, auf sich aufmerksam zu machen, den Geist, der vorbeikommt, einen Augenblick gefangen zu nehmen, sich in eine fremde Aufmerksamkeit zu legen. Das gilt im Übrigen für alle Künste: Ihre Werke flüstern leise Obszönitäten, und der Blick gleitet von einer zur anderen. Es könnte sein, dass Ihnen am Ende die Bibliotheken wie Bordelle vorkommen, Ausstellungen wie Sexpartys, die Kultur wie eine große Orgie. Selbst wenn der freie Moment vorbei ist und Sie in die Tretmühle zurück müssen, die Appelle dauern an. Und Sie empfinden tiefes Mitleid mit den Künstlern.

50 Musik werden

Dauer: 20 bis 120 Minuten
Material: Musik
Wirkung: realistisch

Drehen Sie den Verstärker fast auf volle Lautstärke. Nehmen Sie ein Musikstück, das Sie lieben, und schließen Sie die Augen. Schalten Sie alle anderen Formen der Aufmerksamkeit ab. Keinerlei Anstrengungen, zu sehen, zu hören, zu denken, was es auch sei. Entspannen Sie alle Muskeln. Ihr Körper wird schwer, lang, lastet weich auf der Couch (oder dem Boden oder dem Bett), wo Sie der Länge nach liegen. Alles andere löst sich auf.

Nichts als die Musik. Lauschen Sie, geben Sie sich hin. Willentliche Eingriffe sind überflüssig oder sogar kontraproduktiv. Die Musik ist absolut, gebieterisch, allein selig machend. Nicht die Musik bemächtigt sich Ihrer, sondern Sie lösen sich in der Musik auf, zerlegen sich in Tonfolgen, werden Rhythmus und Klangfarbe. Natürlich wissen Sie, wie ungenau, schlecht formuliert, vage diese Beschreibung ist. Denn die Sprache ist nicht dafür geschaffen. Sie müssen den Augenblick ohne Worte abwarten, wo sich noch nicht einmal mehr sagen ließe, dass Sie in der Musik schweben, weil eine solche Äußerung nur einen Sinn hätte, wenn es noch ein »Sie« gäbe, das man von den Tönen unterscheiden könnte. Das »Sie« ist aufgehoben, und es bleibt nur noch ein klanglicher Zustand, ein reines Pulsieren, zu dem Sie geworden sind.

Dann können Sie – flüchtig, indirekt, ansatzweise – erfahren, wie es ist, diesen aufgegebenen, leblosen Körper von außen zu betrachten, ohne zu ahnen, dass Sie es sind. Die Geschichten von Schamanen und Zauberern, die ihre sterbliche Hülle eine Zeit lang aufgeben, sie verlassen und von oben betrachten, sind Musikgeschichten. Wieso haben Sie das vorher nicht gewusst?

Doch auch das ist nur eine Durchgangsstation. Die Magie, die außergewöhnlichen Kräfte – ein Zustand, den es zu überwinden gilt. Musik werden ist kein Mittel, um zu reisen. Wenn Sie das Experiment fortsetzen, geht es nicht mehr um Ortsveränderungen. Weder im Raum noch in der Zeit. Schon bald bleibt nichts, womit Sie sich verorten könnten. Nur noch die Musik. Sie liefert die Textur des Vorhandenseins, den direkten Zugang zur gesamten Existenz. Und Sie finden nichts Rätselhaftes mehr an dem Satz, den Sie gewöhnlich nicht verstehen: »Wenn die Welt verschwände, bliebe die Musik.«

51 Sich ein Haar ausreißen

Dauer: 3 Sekunden
Material: ein Haar
Wirkung: minimal

Der Schmerz ist äußerst geringfügig. Ein winziger Stich, ein kurzes Reißen auf der Kopfhaut, kaum wahrnehmbar. Sie haben ein Haar ergriffen und es mit kurzem Ruck senkrecht herausgerissen. Vielleicht haben Sie gezögert, aus Angst, der Schmerz könnte größer als angenommen sein. Vielleicht haben Sie auch mehrere Anläufe gebraucht, bevor Sie den nötigen Schwung hatten, den kurzen, entschlossenen Zug, der genügt.
Nun ist es geschafft. Sie halten das Haar in den Fingern. Auf Ihrem Kopf, an dem Ort, wo es sich befand, ist nur noch diese helle Empfindung, die langsam ausstrahlt, sich kreisförmig ausweitet. Ein zugleich exakter und fließender Schmerz – ungewöhnlich, weil er zunächst genau begrenzt ist und dann verschwimmt, bis er fast ganz unkenntlich geworden ist. Eher eine auf die Haut geschriebene Erinnerung an den Schmerz als eine akute Wahrnehmung.

Das ist doch ein idiotisches Experiment, sagen Sie, ohne jedes Interesse? Sie haben vollkommen Recht, genau das ist sein Zweck. Sie für eine Fülle von Fragen empfänglich zu machen, die weder einen Sinn noch eine Antwort kennen. Da haben Sie nun ein Haar weniger. Wie viele hatten Sie eben noch? Wie viele haben Sie jetzt? Haben Sie sich jemals gefragt, wie groß die Anzahl Ihrer Haare genau ist? Warum interessiert Sie das nicht? Sind Sie durch den Verlust eines Haars kahl geworden? Mit wie vielen Haaren weniger ist man kahl? Wer weiß es?

Das sind Fragen ohne Antwort, weil sie Grenzen berühren, mit Identitätsgrenzen zu tun haben. Doch es gibt keine klaren Linien. Wir wissen, dass jemand kahl ist und ein anderer nicht, aber wir sind nicht in der Lage, auf das Haar genau eine exakte Trennung vorzunehmen zwischen kahl und nicht kahl. Genauso, das heißt, näherungsweise, erfassen wir unsere eigene Identität. Offenbar sind wir verschwommene Gebilde, Halos, Nebelwesen, bei denen sich nicht genau sagen lässt, wo sie anfangen und wo sie aufhören. Wir geben uns mit dieser Ungewissheit zufrieden und sprechen von einem minimalen Schmerz.

52 In einem imaginären Wald spazieren gehen

Dauer: 2 bis 3 Stunden
Material: ein Wald
Wirkung: umwälzend

Nach Möglichkeit sollte es ein richtiger Wald sein. Der Winter wäre zu empfehlen, auf jeden Fall eine Jahreszeit, in der man kräftig ausschreiten kann, ohne durch die Wärme beeinträchtigt zu werden. Bemühen Sie sich, regelmäßig zu atmen. Sie gehen also ziemlich rasch, längere Zeit, ohne sich um etwas anderes zu kümmern, als Ihre Atmung genau auf Ihre Schritte abzustimmen.

Die erste Aufgabe des Experiments besteht darin, dass Sie durch Wiederholung einen Rhythmus in sich erzeugen, der ohne Überraschung, fast gedankenlos ist. Um festzustellen, ob Sie sich wirklich im Tempo dieses Waldspaziergangs eingerichtet haben, genügt ein einfaches Mittel: Halten Sie plötzlich im Gehen inne, fahren Sie aber fort, im gleichen Rhythmus zu atmen. Wenn die Bäume eigensinnig darauf bestehen, ihre Bewegung fortzusetzen, sind Sie auf dem richtigen Weg. Kommt die Landschaft jedoch gleichzeitig mit Ihnen zum Stillstand, dann müssen Sie weitergehen; Sie haben den Anfang der Geschichte noch nicht erreicht.

Wenn Sie meinen, dass Sie Ihren Rhythmus bereits gefunden haben, fahren Sie fort. Sie werden in ein anderes Land gelangen. Dazu brauchen Sie keine Feen oder Elfen. Keine Gnome oder Trolle. Nur ein bisschen guten Willen und Ausdauer. Und eine Prise Begeisterung.

Stellen Sie sich einfach vor, der Wald wäre Ihre Seele. Sie gehen in sich selbst spazieren. Die verflochtenen Baumkronen, die weiße Wacht der Birken, der feuchte Humus und das Moos – nein, sie sind nicht draußen. Durch das Wirken eines dunklen Geschicks, von dem Sie nichts wissen, hat sich alles umgekehrt. Sie sind dabei, in Ihrem Denken spazieren zu gehen. Vielleicht ahnen Sie, dass man sich selbst nie verlässt. Versuchen Sie nicht zu verstehen, warum sich das so verhält. Nehmen Sie einfach zur Kenntnis, dass sich die Zwischentöne und Hell-dunkel-Stufen in Ihnen befinden. Das Halbdunkel des Unterholzes und die Heiterkeit der Lichtungen, der dunkle Schatten der Baumstümpfe und das Spiel der schrägen Sonnenstrahlen gehören zu Ihrem eigensten Besitz.

Ihnen dämmert, dass der Geist kein Draußen hat oder, wenn doch, dass wir nichts darüber in Erfahrung bringen können.

Es steht Ihnen frei, schwerwiegende Konsequenzen aus diesen Waldspielereien zu ziehen. Es genügt aber auch, wenn Sie nur eine methodische Einsicht gewinnen: Nie ist das Imaginäre etwas, was zur Wirklichkeit lediglich hinzutritt, ihr entgegengesetzt ist, ihr widerspricht oder sie verwischt. Immer gilt es, die Wirklichkeit selbst imaginär zu machen.

53 Allein demonstrieren

Dauer: 30 bis 40 Minuten
Material: ein freier Platz
Wirkung: entpolitisierend

Gelassen schlendern Sie durch die Straßen. Der Schein trügt! Obwohl in Ihrem Gang und Ihren Gesten nichts darauf schließen lässt, sind Sie gerade dabei zu demonstrieren. Sie ganz allein wissen das. Niemand ahnt es. Kein Spruchband, nicht der leiseste Ruf. Nicht der geringste Hinweis, noch nicht einmal ein besonderer Weg, den Sie einschlagen, lässt darauf schließen, dass Sie etwas Besonderes im Sinn haben. Nichts, aber auch gar nichts, was nicht vollkommen normal wäre.

So gehen Sie schweigend dahin. Aber Sie skandieren die Kampfparolen im Kopf. Parolen, die gegen die Regierung und ihre Politik gerichtet sind. Eigenwillige, abgehackte, verblüffende Formeln. Schließlich Beleidigungen, diffamierende Formulierungen, Äußerungen, mit denen Sie sich strafbar machen. Sie fordern die Autorität des Staates heraus, provozieren die Polizei, brüskieren die öffentliche Meinung, demonstrieren Ihre Entschlossenheit, protestieren.

Doch niemand weiß etwas davon, weder die Dame, der Sie begegnen, noch das Kind, das Sie überholen. Noch nicht einmal der Polizist, der an der Straßenecke steht und Sie gleichgültig mustert. Das ist keine Demonstration. Sie sind still. Nur ein Experiment, um etwas herauszufinden. Aber was?

Dass jeder das Gleiche tun könnte, ohne dass die anderen es merken würden. Die friedliche Straße, wo sich die Menschen begegnen und aus den Augen verlieren, wo jeder seinen Beschäftigungen nachgeht und sich nicht um die anderen kümmert, ist vielleicht der stumme Schauplatz heimlicher Proteste und unmerklicher Aufstände.

So ist es tatsächlich. Denken Sie nur einen Augenblick an die großen Leidenschaften, die sich in einer banalen und neutralen Straße mischen, ohne dass es jemand merkt. Nur wenige Augenblicke zuvor sind Sie auf dem Bürgersteig einem Terroristen begegnet, einer Frau, die vom Krebs zerfressen wird, einem hoffnungslosen Arbeitslosen, einem Junkie auf der Suche nach dem nächsten Schuss, einem schwangeren Teenager, einem Migranten ohne Papiere, einem gescheiterten Talent. Und Sie konnten nichts davon wissen. Quod erat demonstrandum.

54 In einer Hängematte liegen

Dauer: unsicher
Material: eine Hängematte
Wirkung: riskant

Sie muss nicht groß sein. Hängematten mit flachem Boden kommen nicht infrage. Das sind hängende Matratzen, die nichts zu tun haben mit der richtigen, instabilen, schwierigen Hängematte, mit dem Original. Wer nicht darin geboren ist, wer nicht schon in jungen Jahren gelernt hat, darin zu schlafen und sich umzudrehen, lebt anfangs gefährlich. Ein Sturz ist immer möglich, selbst wenn man glaubt, den Bogen rauszuhaben. Das beste Mittel, um das Gleichgewicht zu halten, ist das Bewusstsein, dass es jederzeit gestört werden kann. Aus heiterem Himmel. Ohne dass man weiß, warum. Diese Störung ist immer möglich, damit muss man leben, sie leicht nehmen, im Bewusstsein halten, aber nicht an sich heranlassen. Man beschwört den Sturz nicht herauf, wenn man sich erinnert, dass er möglich ist, und diese Möglichkeit gelassen im Auge behält.
Das Hängematten-Experiment führt Ihnen vor Augen, wie unbeschwert der Pessimismus macht. Dass

das Schlimmste immer möglich ist, ohne je sicher zu sein, macht die Wirklichkeit letztlich zu einer luftigen Angelegenheit. Man wird von den Illusionen der Sicherheit befreit, diesen Schwestern der Angst vor der Vernichtung. Ein leichtes Schaukeln beizubehalten wird sogar empfohlen.

Halten wir fest: Der Sturz ist stets gegenwärtig, aber nur als Möglichkeit. Man gibt sich der Gefahr anheim, und das wirkt schützend. Eine gewisse Ironie gegenüber dem Schlimmsten. Sie haben es erraten, wir müssen im Leben liegen wie in einer Hängematte.

55 Schlagzeilen erfinden

Dauer: rund eine Viertelstunde
Material: Papier und Bleistift
Wirkung: beruhigend

Die Welt ist fern. Das geschieht manchmal. Kein Radio, kein Telefon. Weder Zeitung noch Fernsehen. Vollkommen losgelöst. Trotzdem brauchen Sie Ihre Dosis an Neuigkeiten. Wenn man den Fachleuten glauben darf, kann die Abhängigkeit von Nachrichten die Form einer mehr oder minder schweren Sucht annehmen. Die einen müssen sich ihre Nachrichtendosis mehrmals am Tag spritzen, andere ziehen sich ihre Linie Tagesschau einmal am Morgen und einmal am Abend rein. Die Schlagzeilen können in Tablettenform eingenommen werden, in Bildern aufgelöst oder direkt vom Bildschirm kommen. Man kann auch per Fax, WAP oder Web fixen.
Doch dieses Mal sind Sie aller Mittel beraubt. Kein Gerät zur Hand, kein Gebäude, so weit das Auge reicht. Sie müssen ohne zurechtkommen. Die Schlagzeilen müssen eben erfunden werden. Sie haben nichts, was Sie übermitteln könnten? Na und, Sie finden schon etwas! Es ist gar nicht so schwer, Sie

werden schon sehen. In der Innenpolitik haben Sie die Wahl zwischen dem Rücktritt eines Ministers, der Einführung eines neuen Maßnahmenkatalogs (der je nach Belieben die Steuern, die Bildung, das Transportwesen oder die Umwelt betrifft), einem Skandal, einem Kompromiss, einer Kontroverse, einer offiziellen Reise. In der Außenpolitik zwischen einem Krieg, einem Staatsstreich, einer Konferenz (auf der es wiederum nach Belieben um Finanzen, Telekommunikation oder Fischerei geht) oder auch einem Terroranschlag, einem Erdbeben, einem Brand, einer Überschwemmung.

Einige Neuigkeiten aus der Wissenschaft gehören auch dazu: ein weiterer Schritt in Richtung des Klonens von Menschen, ein neues Material für die Datenspeicherung. Fügen Sie noch ein bisschen Kultur hinzu: ein paar Filmpremieren, eine neue Ausstellung, das Porträt eines Schriftstellers. Wenn Ihnen danach ist, garnieren Sie das Ganze mit etwas Klatsch: die Scheidung einer Schauspielerin, zwei königliche Hochzeiten, ein Sänger, der wegen Geschwindigkeitsübertretung verhaftet wurde.

Und zu guter Letzt noch eine Prise aus der Rubrik Vermischtes: eine Vergewaltigung in der Provinz, ein Mord in der Stadtrandsiedlung, ein Unfall auf der Autobahn. Das war's. Sie haben alles, was Sie brauchen, von ein paar Zutaten abgesehen. Aber nichts hindert Sie daran, auf die Schnelle auch noch eine kleine Wettervorhersage zusammenzubasteln, ein paar Börsenkurse und sogar die Lottozahlen. Falls es am Inhaltsverzeichnis noch etwas auszusetzen gibt, dann lassen Sie sich einen Todesfall einfallen, vielleicht eines Politikers, eines Nobelpreisträgers oder eines bekannten Filmemachers. Das gibt einen Rückblick auf sein Wirken und ein paar lobende Sätze.

Es ist nicht der Zweck dieses Experiments, einen Mangel zu beheben. Vielmehr sollen Sie erkennen, in welchem Maße sich die Informationsflut wiederholt, sich immer gleicht. Ohne Fortschritt, ohne Neuheit. Es ist so ungeheuer leicht, solche Pseudo-Neuigkeiten zu fabrizieren, dass sich der Schluss aufdrängt, unsere Neuigkeiten seien gar nicht so neu. Endlos berichten sie immer wieder nur vom Elend der Menschen. Um zu kaschieren, dass sie im Grunde nur eine unattraktive Botschaft anzubieten haben, verkaufen sie sie uns als unerhörte Neuigkeit. Wenn Sie dieses Experiment von Zeit zu Zeit wiederholen, gelangen Sie vielleicht zu der Erkenntnis, dass diese Tonnen von Informationen ohne große Bedeutung sind, fast ohne Realität. Ist das eine Information?

56 Kurzwellensender hören

Dauer: 15 bis 60 Minuten
Material: ein Kurzwellenempfänger
Wirkung: kosmopolitisch

Die Magie ist schon veraltet. Im Zeitalter von Internet und World Wide Web mutet das Radio prähistorisch, antiquiert, fast lächerlich an. Es erinnert an längst aus der Mode gekommene Werkstoffe wie Bakelit und Isolierband. Das Radio ist das Produkt eines anderen Zeitalters, das ihm anhaftet. Doch sein biblisches Alter hindert uns nicht daran, mit seiner Hilfe noch ein schönes Experiment durchzuführen.

Besorgen Sie sich also einen Kurzwellenempfänger. Warten Sie am besten die Nacht ab. Der Empfang ist häufig besser, die phantasiebeflügelnde Wirkung stets größer (obwohl nichts dagegen spricht, das Experiment auch am helllichten Tag durchzuführen). Schalten Sie das Gerät ein und drehen Sie am Senderknopf. Versuchen Sie, überhaupt keine Information über das, was Sie hören, aufzunehmen. Wenn Informationen über Sender und Regler vorhanden sind, nehmen Sie sie nicht zur Kenntnis. Bringen Sie nicht im Voraus in Erfahrung, ob Sie Helsinki oder Madrid hören, La Paz oder Toronto. Bewegen Sie den Regler aufs Geratewohl vorwärts. Den Rest übernimmt die Magie.

Von Augenblick zu Augenblick springen Sie aus einem Universum in das nächste. Die Stimmen verändern Klangfarbe, Redeweise, Betonung. Einige Sprachen erkennen Sie auf Anhieb, bei anderen sind Sie unschlüssig und zögern. Ist das wirklich Ungarisch? Wie unterscheidet man Bulgarisch von Rumänisch, wenn man von beiden so gut wie keine Ahnung hat? Und die nordischen Sprachen? Die asiatischen? Das Experiment soll Ihnen den Eindruck vermitteln, dass Sie diesen unbekannten Menschen, die da zu Ihnen sprechen, zugleich sehr nah und sehr fern sind. Sie hören sie ganz deutlich, manche, als stünden sie unmittelbar neben Ihnen. Trotzdem wissen Sie nicht, wie Sie sie räumlich einordnen sollen und was sie sagen, noch nicht einmal, wie sich die Sprache nennt, die sie sprechen.

So schreiten Sie durch sprechende Schatten, abwesende Anwesende voran. Natürlich wissen Sie, dass diese Menschen leben, aber nicht, an welchem Ort und was sie beschäftigt. Nach Belieben können Sie sich vorstellen, wie sie in ihrem Studio sitzen, ins Mikrofon sprechen, hier neutral, dort eher schäbig. Sie können sich die Menschen ausmalen, die ihnen lauschen, serbische Bauern, Kairoer Kaufleute, Ko-

penhagener Angestellte, Bewohner weit entfernter Gebiete, unterschiedlich gekleidet, mit eigenen Geschmäcken und Ängsten.
Und Sie sind auf eines der Rätsel der Technik gestoßen. In der größten Einsamkeit, vollkommensten Stille, strengsten Isolierung, die Sie sich vorstellen können, umgeben Sie ständig, in der Luft verborgen, ohne entsprechende Geräte nicht zu entdecken, in Erwartung hörbarer Geräusche, diese vielen Hundert raunenden Stimmen, in Dutzenden unbekannten oder nicht zu erkennenden Sprachen. Stimmen, über die Sie nie etwas Näheres wissen werden, als dass sie alles endlos, undeutlich und in ständigem Wechsel mit einer menschlichen Lautschicht bedecken.

57 Den Ton des Fernsehers abschalten

Dauer: etwa 5 Minuten
Material: eingeschalteter Fernsehapparat
Wirkung: aufschlussreich

Es kommt ziemlich selten vor, dass man sich das Fernsehen genau anschaut. Selbst Menschen, die viel Zeit vor dem Bildschirm verbringen und sich zahlreiche Programme anschauen, betrachten es nicht wirklich gründlich. Denn in der Regel hören sie es auch. Bild und Ton werden als Einheit dargeboten, gemeinsam ergeben sie einen Sinn. Egal, ob die Sendung dumm oder anspruchsvoll ist, wir interessieren uns für das Paket: Wir hören und wir sehen. Wir prüfen nicht die Bilder in ihrer Fremdheit. Beginnen Sie also damit, dass Sie den Ton abschalten und nur schauen. Zunächst müssen Sie durch eine Schicht der Lächerlichkeit hindurch. Denn sie sind wirklich lächerlich, diese Leute, die da debattieren, sich ereifern und erhitzen, ohne dass man weiß warum, diese Ansagerinnen, die sich zieren, gestikulieren, lächeln und sich zieren, gestikulieren, lächeln und sich zieren, gestikulieren, lächeln, während sie erst auf den einen und dann auf den nächsten Vorspann warten. Komische Sänger ohne Stimme, stumme Journalisten, Schauspieler, die den Mund bewegen, ohne einen Ton herauszubringen, und in absoluter Stille schreien, Werbespots ohne Musik und ohne die Laute der Begeisterung.

Doch das ist noch nicht das Schlimmste. Unter der Lächerlichkeit, mehr oder minder tief, mehr oder minder deutlich, lauert der Schrecken. Etwas Mechanisches, Erstarrtes, Unmenschliches wohnt in diesen Gesichtern, die vergebens die Lippen bewegen und die Backen aufblasen. Alles andere, nur nicht den Tod, die Kälte der Leichname, ihre bleiche Unbeweglichkeit. Eine leblose Lebendigkeit, ein vergebliches Bemühen, dem Nichts zu entkommen, eine Bewegung, die immer wieder in sich zusammenfällt.

Auch das müssen Sie hinter sich lassen, das Schreckliche wie das Lächerliche. Sie müssen aufhören zu lachen und aufhören, sich zu ängstigen. Bewegen Sie sich quer zum Lächerlichen und Mechanischen. Betrachten Sie sie einfach, wie sie sind, diese Bilder ohne Ton: Im Grunde genommen stinklangweilig, ohne jeden Reiz. Neutral und leer. Auch das Fernsehen kann zur Weisheit führen.

58 Einen Kindheitsort aufsuchen, der früher viel größer erschien

Dauer: augenblicklich
Material: ein Kindheitsort
Wirkung: ungewöhnlich

Wir haben es alle schon erlebt. In der Erinnerung, oft bis in jede Einzelheit, war es riesig. Eine gewaltige Rennbahn, ein endloser Platz, ein ungeheurer Hof, ein Ort wilder Streiche, wüster Horden, finsterer Verstecke, ruchloser Hinterhalte, eine Pampa, eine Steppe, ein Dschungel. Sich diesem Ort offen und ungeschützt auszusetzen verlangte Mut, ihn der Länge nach zu durchqueren Geduld und einiges an Kraft und Ausdauer.
Dort ist man nicht größer geworden. Nie ergab sich die Gelegenheit zurückzukehren, sich hin und wieder an dem Ort zu messen. Nun ist man plötzlich wieder dort, als Erwachsener. Es ist ein ganz kleines Gelände. Eng, schmal, kümmerlich, schäbig. Abgesehen davon ist alles so, wie man es in Erinnerung hat: das Ganze und die Teile, das Fenster in der Ecke, die kleine Mauer, deren gelbe Farbe verblasst ist.

Aber es ist ein Modell, eine Nachbildung in verkleinertem Maßstab.

Machen Sie diese besondere Form der Überraschung und des seltsamen Unbehagens zum Gegenstand Ihres Experiments. Zwar nehmen Sie sich selbst als Bezugspunkt, können die eigene Größenveränderung aber nicht direkt wahrnehmen. Daher gehen Sie spontan davon aus, dass sich die Dinge verändert haben, dass sie sich zusammengezogen haben, geschrumpft sind. Deshalb wirken Sie hier plötzlich so riesenhaft.

Vergebens sagen Sie sich, dass es sich ganz anders verhält, das Unbehagen bleibt. Ihre Erinnerung und die gegenwärtige Wahrnehmung kommen nicht zur Deckung. Beide sind lebhaft, aber inkompatibel. Sie haben das Gefühl, in der Luft zu hängen, als wären Sie überflüssig zwischen Ihrem Gedächtnis, das Recht hat, und Ihrer Gegenwart, die nicht weniger Recht hat. Was Ihre Urteilsfähigkeit beeinträchtigt, ist die Idee, dass Sie Kontinuität besitzen.

59 Sich daran gewöhnen, etwas zu essen, was man nicht mag

Dauer: einige Jahre
Material: ein Nahrungsmittel, das Sie nicht ausstehen können
Wirkung: zivilisierend

Sie mögen es wirklich nicht. Dagegen lässt sich nichts machen, obwohl Sie es ehrlich versucht haben, mehrmals, unter verschiedenen Umständen und in größeren Zeitabständen. Also wirklich, nein, Sie können es beim besten Willen nicht ausstehen! Sie sind nicht krank geworden, als Sie es probiert haben, haben keinen Juckreiz und keinen Ausschlag bekommen. Die Allergie können wir beiseite lassen. Es ist lediglich eine Frage des Geschmacks. Gut, dann werden Sie es essen.

Zunächst nur ein wenig, einen Bissen, stoisch und von Zeit zu Zeit, als großartigen Beweis Ihrer Unabhängigkeit. Und dann ein bisschen häufiger, ein bisschen regelmäßiger, mit ein bisschen weniger Getue. Wenn Sie das einige Jahre beharrlich durchhalten, werden Sie die Speise essen, fast ohne es zu bemerken. Sie wird Ihnen noch immer nicht schmecken. Aber das wird eine banale Tatsache für Sie sein, ein kaum beachtetes Missvergnügen, ein nahezu gleichgültiger Vorgang. Möglicherweise entwickeln Sie am Ende sogar eine gewisse Vorliebe für diese Speise, eine Vorliebe, die nichts mit ihrem Geschmack zu tun hat (den Sie immer noch als unangenehm oder zumindest außergewöhnlich empfinden), auch nichts mit der Gewohnheit, die sich durch die Wiederholung herausgebildet hat, sondern mit einer gewissen Gerührtheit Ihnen selbst gegenüber, weil es Ihnen gelungen ist, diese Aversion zu überwinden.

Bleibt die Frage, was Sie veranlassen sollte, sich einem solchen Experiment zu unterziehen, das scheinbar ohne Grund und möglicherweise idiotisch und überflüssig unangenehm ist. Die Antwort ist über jeden Einwand erhaben: im Namen der Zivilisation! Denn was macht die Zivilisation aus, unabhängig von allen Unterschieden der Kulturen und Epochen? Dass wir nicht jeder Verlockung folgen, nicht mechanisch auf jede Abneigung reagieren. Die Zivilisation kompliziert die Verhältnisse, unterdrückt die Impulse und Triebe. Dieses lange Experiment hat also zum Ziel, Sie aus rein erzieherischen und informativen Gründen an dem großen Abenteuer der Menschheit zu beteiligen.

Nur übel wollende Menschen sehen darin ein Argument zugunsten der Barbarei.

60 Einige Zeit fasten

Dauer: 12 bis 36 Stunden
Material: keines
Wirkung: wüstenartig

Nicht zufällig haben sich alle spirituellen Traditionen, überall auf der Erde und zu allen Zeiten, des Fastens bedient. Von Drogen abgesehen, gibt es kein wirksameres Mittel, um unsere Beziehung zur Welt zu verändern. Erschrecken oder beruhigen, bedrängen oder abstumpfen, verstören oder trösten – all das vermag das Fasten, je nach Augenblick, Intensität oder Umständen. Eigentlich sollte es nicht überraschen: Keine unserer Beziehungen zur Wirklichkeit ist so archaisch, so dauerhaft, so organisch wie diejenige, die wir über die Nahrung herstellen. Absichtlich auf das Essen verzichten rührt also an unsere ältesten Schichten.

Tatsächlich reagiert jeder anders, abhängig von seiner Vergangenheit und seiner inneren Konstitution. Der eine bekommt es sofort mit der Angst zu tun, hat das Gefühl, es habe ihn in eine öde Landschaft verschlagen, lebensfeindlich, eine Steinwüste, die ihn nie wieder mit einem Geschmack erheben oder trösten wird. Den anderen überkommt augenblicklich ein Gefühl des inneren Friedens, endlich ist er aller Nahrungszwänge ledig, der grässlichen Verpflichtung enthoben, zu den immer gleichen Zeiten feste Stoffe in sich hineinzuschlingen.

Wenn Sie sich noch nie auf derartige Situationen eingelassen haben, sollten Sie mit einem einzigen Tag beginnen. Sprechen keine medizinischen Gründe dagegen, was selten der Fall ist, besteht kaum eine Gefahr. Trinken Sie von Zeit zu Zeit einen Schluck Zuckerwasser. Erwarten Sie nichts Außergewöhnliches. Erkunden Sie einfach die Veränderung Ihrer Stimmung oder, allgemeiner, dessen, was Ihnen schon nach wenigen Stunden als »Wirklichkeit« entgegentritt.

Ein bisschen weniger Glukose, einige modifizierte Fettzellen, ein paar Proteine, die sich verabschiedet haben – und schon sehen Sie die Welt mit anderen Augen. Meinen Sie nicht, dass Sie aus dieser Situation alle erdenklichen Konsequenzen ziehen sollten? Nur zu, versuchen Sie es!

61 Zehn Minuten wütend sein

Dauer: wie angegeben
Material: keines
Wirkung: streng

Einen Grund gibt es immer. Sie sind schlecht drauf und missgelaunt, weil man Sie beleidigt hat. Jemand hat Sie verletzt. Etwas geht Ihnen gegen den Strich. Also grollen Sie. Zu Recht oder zu Unrecht (nur zu berechtigt, aus Ihrer Sicht). Sie protestieren gegen eine Unannehmlichkeit, eine Ungerechtigkeit. Ihrem Missvergnügen machen Sie Luft mit Schreien oder Zähneknirschen.

Das Spiel besteht darin, dasselbe zu tun, aber kaltblütig. Ohne Anlass, grundlos. Sie führen die Gesten der Wut aus, ohne sie zu empfinden. Ganz allein in einem Zimmer sind Sie ohne Grund wütend.

Überwinden Sie die Verlegenheit der ersten Augenblicke. Stoßen Sie eine Art Stöhnen aus, knurren Sie. Spannen Sie das Zwerchfell an. Brüllen Sie, schimpfen Sie, stoßen Sie die üblichen Redensarten hervor: »Unerhört!«, »Es reicht!«, »Wag das ja nicht!«, »Unglaub-lich!«, »Was für Schweine! Mistkerle! Idioten! Armleuchter! Pack!«

Vermeiden Sie es nach Möglichkeit, an irgendetwas zu denken. Achten Sie darauf, dass sich in Ihnen keine Regung von schlechter Laune rührt. Geben Sie sich damit zufrieden, die Worte auszusprechen. Fahren Sie fort. Stellen Sie sich vor, man filmt Sie und es soll echt aussehen. Fahren Sie fort damit, wütend zu sein. Stampfen Sie mit dem Fuß auf oder schlagen Sie mit der Faust auf den Tisch oder tun Sie beides, wie Sie möchten. Schreien Sie, dass es gemein, niederträchtig, unverzeihlich, zum Kotzen ist. Aber die anderen haben das nicht umsonst getan, das werden sie büßen, das werden sie noch bereuen. Sie werden sie zu Brei schlagen, vernichten, zertreten. Machen Sie noch ein paar Geräusche ganz tief in der Kehle. Nutzen Sie Ihren Atem und die Stimmbänder.

Dann hören Sie auf. Atmen Sie tief durch. Trinken Sie ein Glas Wasser. Öffnen Sie das Fenster. Und merken Sie sich, dass ein Wutanfall manchmal nichts anderes ist als das.

62 Einen Wald im Auto durchqueren

Dauer: 10 bis 20 Minuten
Material: Auto, Wald, Straße
Wirkung: unzeitgemäß

Die vorbeifliegenden Bäume erzeugen fast augenblicklich einen irrealen, kinematographischen Effekt. Haben Sie das Glück, Beifahrer zu sein, wenden Sie den Kopf zum Straßenrand und fixieren Sie ihn, damit Sie die Bäume möglichst schnell und mechanisch vorbeihuschen sehen. Das ist nur die erste Stufe der Hypnose. Die zweite erreichen Sie, wenn Sie das Unterholz betrachten, das je nach Art des Waldes mehr oder minder dunkel ist. Dieses Mal richtet sich der Blick auf die Höhlungen unter den Zweigen, die mit grünem, manchmal fast schwarzem Licht ausgefüllt sind. Wie sieht man an diesen Stellen? Wie ist es, dort ständig zu leben? Wie war es im Mittelalter hier und andernorts, bevor man die Wälder weitgehend rodete?

Das Auto verschafft Ihnen einen Schutz besonderer Art. Sie durchqueren den Ort mit großer Geschwindigkeit, geborgen hinter Blech und Glas. Trotzdem erfasst sie der diskrete Schrecken des Waldes, nistet sich ein. Obwohl Sie beschleunigen, wird Ihnen plötzlich klar, dass Sie niemals aus diesem Wald herauskommen werden.

63 Geben, ohne nachzudenken

Dauer: augenblicklich
Material: was zur Hand ist
Wirkung: freundlich

Die Langeweile der Gesten, die sich selbst hervorbringen, der voraussehbaren Wege und der Aufgaben ohne Überraschung hat schon ganz von Ihnen Besitz ergriffen. Mechanisch schreiten Sie voran in einer Zeit, die Sie schon längst nicht mehr interessiert. Man kann fast von Gleichgültigkeit sprechen. Ihnen selbst, den anderen und den Dingen gegenüber. Da gerät Not in Ihr Blickfeld. Echte Not. Ein Obdachloser sitzt auf der Straße, ein schmutziges Kind oder ein Krüppel, ein Kranker, die Haut rot von der Kälte, den Nächten im Freien, dem Wein. An der Straßenecke, direkt auf dem Gehsteig, im Metroeingang, an der Ampel, überall. Plötzlich.

Geben Sie sofort. Ohne nachzudenken, ohne Berechnung. Keine Theorie, keine Berechnung. Geben Sie, was Sie zur Hand haben, eine Fahrkarte, ein belegtes Brot, ein Buch, einen Kugelschreiber, ein Lächeln. Kümmern Sie sich nicht um den Wert der

Dinge, die Erheblichkeit der Geste. Überlassen Sie sich einfach dem Experiment, sofort zu geben. Nicht ganz egal was, egal wem, aber etwas von Ihnen, der Sie mehr oder weniger in gesicherten Verhältnissen leben, mehr oder weniger ohne Bedürfnisse sind, dem, der da etwas erwartet. Einfach, weil er bittend die Hand ausstreckt.

Wenn Sie in Ruhe darüber nachdenken, kommen Sie vielleicht zu dem Ergebnis, dass die Geste willkürlich ist, sogar ungerecht durch ihren unvernünftigen und zufälligen Charakter. Sobald Sie Ihren Verstand einschalten, finden Sie sicherlich viele – gute und schlechte – Gründe, warum Almosen überflüssig, Bettelei unmoralisch und Mildtätigkeit verdächtig ist. Deshalb müssen Sie in dem Augenblick, da Sie geben, gewaltsam jede Reflexion unterdrücken. Das Geben resultiert aus dem Mitleid, jener plötzlichen Regung, zu helfen und solidarisch zu sein, die einer genaueren Analyse nicht standhält.

Also müssen Sie das Denken gewaltsam unterdrücken. Das Gedächtnis bewahrt die Dankbarkeit dieser Anlässe. Die kleinen, vernünftig eingenommenen Mahlzeiten, das überlegt ausgegebene Geld haben Sie rasch vergessen. Dagegen erinnern Sie sich an das, was Sie verschenkt haben. Und an die Gesten, die Gesichter, die Worte, die damit verknüpft waren. Das ist nicht nur das Gegenteil von Vergessen, es ist auch der Gegensatz von Gewissensbissen.

64 Ein blaues Nahrungsmittel suchen

Dauer: unbestimmt
Material: unklar
Wirkung: ungenau

Wer ihn aus der Ferne betrachtet, nennt ihn den blauen Planeten. Und tatsächlich befindet sich auf der Erde eine enorme Menge Blau: der Himmel am Tage, wenn er wolkenlos ist, die Weltmeere. Ständig sind wir in Blau getaucht, betrachten es, atmen es. Aber man kann es nicht essen. Es ist nicht genießbar. Es entzieht sich unserem alles verschlingenden Appetit.

Das ist ein sehr einfaches und zugleich sehr großes Geheimnis. Tatsächlich gibt es Nahrungsmittel in allen Farben, wovon praktisch jede unseren Appetit anzuregen vermag. Aber wir essen nichts Blaues. Das Vorhandensein einer Speise, die hellblau, knallblau oder ultramarin ist, wirkt eher widerlich. Ein königsblaues Speiseeis würde uns nicht nur außerordentlich künstlich erscheinen, sondern wäre uns auch auf unbestimmte Art unangenehm.

Es gibt einige wenige Ausnahmen, die im Übrigen

wenig überzeugend sind. Die Käsesorten Bleu de Bresse und Bleu des Causses spielen häufig ins Grün und Schwarz. Der blaue Curaçao kommt nur noch in schäbigen Cocktails vor, die die billige Illusion von Tropen und Lagunen suggerieren sollen. Auch die blauen Likör-Trüffeln aus Lothringen sind etwas aus der Mode gekommen. Die »blaue Linie des Vogesenkammes«*, eine alte französische Spezialität, ist fast ganz aus dem Gedächtnis geschwunden. Im Übrigen verschlang man sie nur mit den Augen. Kurzum, suchen Sie, so viel Sie wollen. Es gibt nichts Blaues, was gegessen wird. Jedenfalls nicht häufig und nicht mit Appetit. Nichts, was mit Grün, Gelb, Orange, selbst Schwarz oder Weiß zu vergleichen wäre, alles Farben, die vielfach konsumiert werden. Was ist daraus zu schließen? Dass man den Himmel, unseren Planeten, das Meer nicht verzehren kann? Soll uns das daran erinnern, dass das Blau ebenso mit Königstum wie mit Tod zu tun hat? O Rätsel über Rätsel!

---

* Vor dem Ersten Weltkrieg beschwor man in Frankreich *la ligne bleue des Vosges*, um den Anspruch auf die 1871 abgetretenen Territorien zu unterstreichen. (Anm. d. Übers.)

65 Heiliger oder Henker werden

Dauer: 15 bis 20 Minuten
Material: keines
Wirkung: relativierend

Sind Sie ein guter Mensch? Ein schlechter Mensch? Die Antwort zieht eine Fülle von Konsequenzen nach sich. Das glauben wir zumindest. Weil wir solchen Fragen einen Sinn unterstellen. Doch ein kurzes Experiment wird Sie leicht davon überzeugen, dass diese Alternative, so wichtig sie auch erscheint, jeder Grundlage entbehrt.

Denken Sie an gestern. Überlegen Sie sich die wichtigsten Ereignisse des Tages, wie sie verkettet waren, nach Möglichkeit in allen Einzelheiten, einschließlich der Gedanken, die Sie Stunde für Stunde begleitet haben. Überprüfen Sie anhand dieser Rekonstruktion ihre Einstellung. Versuchen Sie, sie zu beurteilen. Nicht objektiv, wie es der Fall ist, wenn Sie sich neutral von außen betrachten, sondern durchaus befangen – parteiisch, tendenziös, übertrieben.

Führen Sie sich die außerordentliche Großherzig-

keit noch Ihrer unbedeutendsten Handlungen vor Augen. Vergegenwärtigen Sie sich Ihre privatesten Gedanken. Überzeugen Sie sich davon, wie engagiert, aufmerksam, altruistisch, mitfühlend, uneigennützig, bescheiden, tüchtig, menschlich, solidarisch, mildtätig, achtbar Sie den ganzen Tag über gewesen sind.
Auf den ersten Blick will das nicht so richtig gelingen? Lassen Sie sich nicht entmutigen. Das Experiment hat das Ziel, dass Sie Ihre Handlungen unter diesem Blickwinkel sehen. Es spielt keine Rolle, was Sie tatsächlich getan haben. Sie müssen es schaffen, in Ihrem gestrigen Tag – der wahrscheinlich mehr oder minder banal gewesen ist – die erkennbaren Zeichen Ihrer Heiligkeit zu erkennen. Sobald Sie das Gefühl haben, der Aufgabe einigermaßen gerecht geworden zu sein, lassen Sie den Film noch einmal ablaufen.
Diesmal gehen Sie genau umgekehrt vor. Bemühen Sie sich, in Ihrem Tun und Denken an diesem Tag die unübersehbaren Anhaltspunkte für Ihre Verderbtheit, Ihre Böswilligkeit, Ihr destruktives Naturell, Ihren abgrundtief schlechten Charakter zu finden. Setzen Sie sich abermals über den vermutlich banalen Zuschnitt Ihres Verhaltens und Empfindens hinweg. Richten Sie es so ein, dass Sie in allem, was Sie getan und gesagt haben, die Bestätigung Ihrer schäbigen, willenlosen, grässlichen, teuflischen,

grausamen, egoistischen, manipulativen Wesensart entdecken. Nehmen Sie sich als Unmensch wahr. Was Sie genauso wenig sind wie ein Heiliger, wovon Sie aber trotzdem in diesem Augenblick überzeugt sein müssen.

Wenden Sie diese Methode auf die Menschen in Ihrer Umgebung an.

Ist Ihnen das befriedigend gelungen, überlegen Sie, wie viel Glauben Sie künftig den moralischen Urteilen und den Gewissensprüfungen schenken wollen.

66 Verlorene Erinnerungen wiederfinden

Dauer: 30 Minuten oder mehr
Material: Ihr Gedächtnis
Wirkung: unvorhersehbar

Sie wissen so viele Dinge! Nur scheint es Ihnen so selbstverständlich und unerheblich zu sein, dass Sie sich dessen gar nicht bewusst sind. Beispielsweise kennen Sie, unabhängig von Ihrem Bildungsstand, Tausende und Abertausende von Wörtern Ihrer Muttersprache, grammatische Regeln, Rechengesetze, geometrische Gegebenheiten. Sie erinnern sich auch an unzählige Geschichten, reale und erfundene, solche, die Sie und die Ihren erlebt, Historiker oder Zeitzeugen berichtet haben, Geschichten, die aus Erzählungen, Romanen oder Filmen stammen.

In dem Experiment können Sie erkennen, dass Sie in Ihrem Gedächtnis mehr Erinnerungen haben, als Sie selbst ahnen. Natürlich wissen Sie das schon. Führen Sie das Experiment trotzdem durch: Nehmen Sie sich eine halbe Stunde Zeit, setzen Sie sich in einen Sessel, schließen Sie die Augen und machen

Sie sich willentlich und ohne Umschweife auf die Suche nach einer verlorenen Erinnerung.
Man könnte meinen, eine Jagd dieser Art wäre von vornherein zum Scheitern verurteilt. Zu direkt und zu grob. Keineswegs. Nur selten klappt es nicht. Fast immer stößt man auf eine Erinnerung, die man aus der Versenkung hervorziehen kann – eine Tatsache, ein Datum, eine Geste, eine Szene, ein Gesicht. Eine Erinnerung, die eigentlich schon vergessen war.
Sie müssen sich bei Ihrem Beginnen nicht vollständig dem Zufall überlassen. Orientieren Sie sich zunächst an einigen großen Kategorien: Arbeit, Urlaub, historische oder familiäre Ereignisse. Nehmen Sie als virtuellen Führer ein Gesicht, ein Jahr, einen Ort, ein Gefühl. Folgen Sie diesen Orientierungshilfen an jeder Biegung und Kreuzung. Erzwingen Sie nichts, beharren Sie nicht, sondern überlassen Sie sich dem Gang der Ereignisse. Wenn Sie es am wenigsten erwarten, taucht das Bruchstück eines Vorstellungsbildes auf, ein Geräusch, ein Duft, eine Szene. Manchmal tritt die Erinnerung vollständig und schlagartig ins Bewusstsein. Manchmal muss man sie öffnen, entwickeln und aus den verstaubten Winkeln ziehen.
Verzichten Sie also von Zeit zu Zeit auf die Spaziergänge draußen. Statt auszugehen, brechen Sie zu einem kleinen Streifzug in Ihrem Inneren auf, wo Sie Erinnerungen sammeln, die wie Pilze oder Trüffeln nicht an der Oberfläche zu sehen sind.

67 Betrachten, wie sie schläft

Dauer: einige Minuten
Material: die Partnerin im Schlaf
Wirkung: zärtlich stimmend

Sie kennen jeden Zentimeter ihrer Haut, das Timbre ihrer Stimme, ihre Augenbewegungen und fast jede ihrer Reaktionen. Sie lieben ihr Lachen, ihre Kopfhaltung bis hin zu (beispielsweise) einer kleinen Unvollkommenheit, die wahrscheinlich nur Ihnen bekannt ist. Kurzum, Sie sind sich nicht ganz unbekannt.

Trotzdem, wenn Sie sie so im Schlaf betrachten, haben Sie das unausweichliche Gefühl, sie überhaupt nicht zu kennen. In diesem Gesicht ist sie nicht mehr anwesend, als hätte sie sich nach innen zurückgezogen. Die Augen geschlossen, der Körper erschlafft, die Haltung unerwartet, voll eigensinniger Unschuld. Und dennoch, empfinden Sie nicht diese merkwürdige Mischung aus maßlosem Vertrauen, leichter Unruhe und unbestimmter Verlegenheit, als wären Sie Zeuge eines Ereignisses, das Sie nicht sehen dürften?

Zweifellos wird diese Verwirrung durch das Nebeneinander von Anwesenheit und Abwesenheit gestiftet. Vielleicht wissen Sie noch nicht einmal, ob dieses Dornröschen wirklich die ist, die Sie lieben. Sie werden es niemals wissen. Eigentlich komisch. Wie auch immer. Sie können Sie nur mit Ihrer Zärtlichkeit umfangen, bis an den Horizont Ihrer Gefühle, bis ins Herz dieses Schweigens, von dem sie niemals etwas wissen wird.

68 An einem Feiertag arbeiten

Dauer: 8 Stunden
Material: Feiertag, Arbeit
Wirkung: sozialisierend

So ist es nun mal. Aus Gewohnheit und weil alle es tun. Sicherlich geschieht es nicht aus Neigung und noch weniger aus Vergnügen. Aber es hat sich eingebürgert. Auch bei Ihnen. Egal, ob Sie in einem Lehrberuf, gewerblich oder im Haushalt tätig sind, Sie sind daran gewöhnt. Es kann Ihnen passieren, dass Sie an einem Tag arbeiten müssen, an dem sonst niemand seinem Beruf nachgeht. Während alle anderen schlafen, träumen, spazieren gehen, heimwerken, ins Kino gehen, müssen Sie Geld verdienen.
Das Experiment sieht vor, dass Sie genau beobachten, was geschieht und was Sie empfinden. Nachdem Sie einige Regungen von schlechter Laune hinter sich haben, das vage Gefühl, Opfer von Schikane und Verfolgung zu sein, Unmut gegen die Ordnung der Dinge, treten Sie in einen fließenden Raum ein. Nichts ist wie sonst. Sie machen die gleichen Bewegungen. Sie erledigen die gleichen Aufgaben. Trotzdem wirkt alles ganz anders. Es fehlt das Hinter-

grundgeräusch, das Klappern und die Unruhe der anderen, die ebenfalls arbeiten. Natürlich gibt es objektive Anzeichen, kein Telefon und leere Büros, weniger Menschen auf der Straße. Doch das ist weder der interessanteste noch der rätselhafteste Aspekt.

Unter Umständen haben Sie tatsächlich keinen eindeutigen Hinweis darauf, dass die anderen an diesem Tag nicht arbeiten. Vor allem wenn Ihre Tätigkeit zu Hause stattfindet. Dann beweist Ihnen nichts, dass es sich um einen Feiertag handelt. Und doch spüren Sie es ganz deutlich, fast greifbar, körperlich.

Erfahren Sie die Veränderung nur in Ihrer Einbildungskraft? Oder gibt es ein Wahrnehmungsorgan für das Kollektiv, ein soziales Sensorium, einen subtilen Sinn für die Geräuschkulisse, die die anderen erzeugen? Das Leben ist zweifellos voller Geheimnisse.

69 Die Menschheit als einen Irrtum betrachten

Dauer: rund eine Stunde
Material: keines
Wirkung: stärkend

Wie oft hat man uns nicht erzählt, dass wir außergewöhnlich sind! Der Mittelpunkt der Welt, Kinder Gottes, das Bewusstsein von allem, das Salz der Erde, Intelligenz, sprechende Geschöpfe, Geist der Wissenschaften, Träger des Fortschritts. Unsere Existenz ist durch so viele Mythen, Religionen, Philosophien, selbstgefällige Diskurse gefeiert worden, dass unsere Misserfolge, Schändlichkeiten, unsere endlosen Kriege und zahllosen Gemeinheiten völlig unverständlich sind. Natürlich hat man tausend Entschuldigungen gefunden, die unser Scheitern, unseren Fluch und unsere Doppelgesichtigkeit erklären.

Sie können mit einer noch radikaleren und sicherlich nützlicheren Desillusionierung experimentieren. Klammern Sie alles aus, was unserer Existenz einen Sinn verleihen könnte. Betrachten Sie die Menschheit als einen Zufall, einen Misserfolg, einen

biologischen Unfall. Sie hat sich planlos auf einem winzigen Klumpen in einer fernen Ecke des Universums entwickelt. Sie wird eines Tages auf immer verschwinden, ohne dass eine Erinnerung bleibt, ohne dass noch jemand von ihr weiß. In den paar Zehntausend Jahren, die diese merkwürdige Art am Ende überlebt, wird sie sich kein Stück weiterentwickelt haben. Dafür wird sie sich beträchtlich vermehrt und dabei ihre Umwelt vollkommen verwüstet haben. Vor ihrem endgültigen Verschwinden hat sie ein Fülle unvorstellbaren und überflüssigen Leidens, Massaker und Hungersnöte, Knechtschaft und Unterdrückung verursacht.
Schauen Sie sich diese absurde und gewalttätige Art einmal ganz unvoreingenommen an. Betrachten Sie sie, wie sie wirklich ist, durch nichts zu rechtfertigen, vergänglich und sinnlos. Versuchen Sie, den Gedanken zu ertragen, dass die Menschheit im Grunde genommen weder eine Daseinsberechtigung noch eine Zukunft hat. Das sollte dazu beitragen, Ihnen eine gewisse Heiterkeit des Gemüts zu vermitteln. Denn vor diesem Hintergrund von Sinnlosigkeit und Schrecken treten alle erhabenen Leistungen des Menschen umso strahlender hervor. Die unsterbliche Musik, die unvergesslichen Gemälde, die Pracht der Kathedralen, die Tränen der Dichter, das Lachen der Liebenden … Alles Derivate des Irrtums. Unsagbare Überraschungen.

70 Sich auf dem Planeten der kleinen Gesten einrichten

Dauer: unterschiedlich
Material: Vergangenheit
Wirkung: migratorisch

Zu meinen, es gäbe nur eine Welt, ist naiv und kurzsichtig. Das Universum einer Fliege hat nichts gemein mit dem eines Wals oder dem Ihren. Es ist sogar zu bezweifeln, dass es viele Überschneidungen zwischen diesen vielfältigen Universen gibt. Was Sie Ihre Welt nennen, besteht selbst aus einer ziemlich großen Zahl einzelner, unter Umständen noch nicht einmal verbundener Planeten.
Um dafür ein Gespür zu bekommen, sollten Sie versuchen, sich auf dem Planeten der kleinen Gesten einzurichten. Streichen Sie aus Ihrem Gedächtnis alles, was mit Musik, Tönen, Farben, Formen oder Geschmäcken zu tun hat. Suchen Sie nur solche Erinnerungen heraus, die Bewegungen, Ortsveränderungen, taktile Erfahrungen, kleine Gesten betreffen. Einige haben Sie sicherlich beeindruckt. Sie sind Ihnen, begraben unter all den anderen, im Gedächtnis geblieben.

Hier einige der meinen: eine Hand auf meiner Stirn, die eine Frau dort hingelegt hatte, an einem Tag, als ich sehr verzweifelt war. Die unvergessliche Bewegung, mit der sich eine andere an einem Herbsttag in einem öffentlichen Park bei mir einhakte, die Art, wie mein Vater mir den Nacken tätschelte, das merkwürdige Winken, mit dem mich meine Mutter verabschiedete.

Sie haben die Ihren. Besinnen Sie sich. Sie werden feststellen, dass es Entsprechungen zwischen ihnen gibt, dass sie eine eigene Welt bilden. Das Netz der kleinen Gesten führt eine unabhängige Existenz. Erforschen Sie den Planeten, den sie bilden. Man bewegt sich dort nicht so rasch wie in anderen Erinnerungswelten. Es lohnt die Mühe, sich dort von Zeit zu Zeit einzurichten. Man bewegt sich von einer Geste zur anderen, wie auf einem Parcours, einer Verkettung, einer Folge von Spuren, an die man sich halten kann. Auf jeden Fall kann man sich dort nicht verlaufen.

71 Das Telefon abschalten

Dauer: unterschiedlich
Material: eine Telefonleitung
Wirkung: zwiespältig

Sie freuen sich, wenn Ihre Freunde anrufen, Ihre Angehörigen sich melden, Ihre Kunden Ihnen Aufträge erteilen, die Kollegen von sich hören lassen. Es geht uns allen mehr oder minder gleich. Doch manchmal fühlen wir uns auch gestört, ja belästigt durch die Aufdringlichkeit des Telefons, seine ständigen Unterbrechungen, egal, in welchem Augenblick, egal, bei welcher Tätigkeit, egal, in welchem Gespräch oder bei welcher Überlegung.
Führen Sie doch ein Experiment durch – schalten Sie das Handy ab, oder ziehen Sie den Stecker aus der Buchse. Mit einem Wort, sorgen Sie dafür, dass es nicht klingelt. Lassen Sie sich Zeit. Hüten Sie sich davor, die Zeit, die Sie sich auf diese Weise verschafft haben, allzu schnell zu nutzen. Bevor Sie sich an die Arbeit oder die Mittagsruhe machen, bevor Sie sich der kniffligen Bastelei oder einer verführerischen Person zuwenden, halten Sie einen Augenblick inne

und kosten Sie das Gefühl aus, das Ihnen diese Unerreichbarkeit verschafft.
Manchmal ist es tiefe Befriedigung: endlich nicht erreichbar, endlich Ruhe, endlich frei, sich einer Sache ohne Unterbrechung zu widmen. Hin und wieder auch ein bisschen Unruhe: Und wenn etwas Dringendes ist? Eine wirklich wichtige Neuigkeit? Ein Unfall? Vielleicht sogar Schuldgefühle: Die Leute versuchen, mich anzurufen, sie können noch nicht einmal eine Nachricht hinterlassen, nur weil ich meine Bequemlichkeit über ihre Bedürfnisse stelle, ist das in Ordnung?
Und dann kündigt sich eine Art Revolte an, die Ahnung von einer kleinen Rebellion gegen die ständige Verfügbarkeit. Es ist so normal, ständig erreichbar zu sein, jederzeit angeklingelt werden zu können, dass ein Abschalten der Geräte wie ein erster Schritt zum Ausstieg erscheint, wie ein Versuch, sich der Kontrolle zu entziehen, die Freiheit zu wagen. Gleichzeitig ist es, das spüren Sie wohl, eine Regression in den Urzustand, asoziales Verhalten, schlimmste Vereinsamung. Was können Sie tun? Vielleicht zum Telefon greifen und einen entsprechenden Beratungsdienst anrufen.

72 Jemanden anlächeln

Dauer: minimal
Material: keines
Wirkung: komplizenhaft

Auf der Straße, in den Geschäften, bei der Arbeit, auf dem Markt, im Dorf oder in der Stadt, auf Reisen oder in der Heimat – meistens kennen Sie die Menschen nicht, denen Sie begegnen. Oft, vor allem wenn Sie in einer Großstadt oder in einem Touristenort wohnen, haben Sie sie noch nie gesehen und werden Sie nie wieder sehen. Vielleicht ist Ihnen nicht danach zumute, diesen Unbekannten gegenüber eine Regung zu zeigen. Sie haben jedes Recht der Welt, sich ihnen gegenüber mürrisch, stumm, gleichgültig oder eisig zu verhalten.
Experimentieren Sie mit einem Lächeln. Zurückhaltend, diskret, deutlich erkennbar, aber reserviert, lediglich wohlwollend. Wenn Ihr Blick dem einer unbekannten Person begegnet, wenn Sie einige Schritte Seite an Seite gehen. Das ist nicht immer einfach. Ist Ihr Lächeln zu nachdrücklich, kann es plump oder zweideutig wirken. Zu fein, läuft es Gefahr, gar nicht bemerkt zu werden. Sie müssen, je

nach den Umständen, den Adressaten, dem Tempo der Begegnung, ein Lächeln finden, das sagt: »Tun wir unser Möglichstes, einander ein bisschen erträglicher zu erscheinen, und da ich keinen Grund habe, Sie zu hassen oder zu lieben, was für Sie ebenso gilt, wünsche ich Ihnen eine gute Reise.« Oder auch: »Bin auf Ihrer Seite. Bitte um Nachsicht. Stop.« Etwas in dieser Art, was Ihnen einfällt.
Es gibt sicherlich keinen Grund, in diesem Experiment einen besonderen Vorzug zu sehen. Allerdings werden Sie den Eindruck gewinnen, dass es, auf breiter Basis praktiziert, dazu beitragen könnte, die allgemeinen Sitten zu mildern. Es sei denn, es förderte die Heuchelei. Oder beides. Es sei denn, die Milderung der allgemeinen Sitten wäre nicht unbedingt eine gute Sache. Es sei denn, die Heuchelei wäre nicht wünschenswert. Fragen, die schwerlich ernst zu nehmen sind.

73 In den Raum eines Gemäldes eintreten

Dauer: unbestimmbar
Material: ein Gemälde
Wirkung: desorientierend

Insgesamt ist die räumliche Organisation der Welt bar jeder Überraschung. Schließlich gibt es Landkarten. Egal, ob es gilt, ein Objekt zu lokalisieren oder seine Entfernung einzuschätzen, es macht Ihnen keine Schwierigkeiten – die Grenzfälle, sehr fernen Objekte und intergalaktischen Paradoxa einmal beiseite gelassen. Im Alltag, in Ihrer unmittelbaren Umgebung ist die Konfiguration des Raumes regelmäßig. Keine Fallgruben, keine Sinnestäuschungen möglich.

Es sei denn, Sie stoßen auf eine bestimmte Art von Bildern. Niemand kann Ihnen sagen, welche bei Ihnen diese Wirkung hervorrufen. Das ist unvorhersehbar. Beginnen Sie also das Experiment in einem Museum Ihrer Wahl, ohne zu wissen, wie es ausgehen wird. Ihr Blick gleitet über die glatten Leinwände. Egal, ob sie interessant, ergreifend, geschickt komponiert, meisterhaft oder erhaben sind, sie blei-

ben stets in dem Raum, der auch der Ihre ist. Doch plötzlich, wenn Sie Glück haben, geschieht etwas anderes.
Sie werden angezogen, angerufen, angesaugt von einer Art Verwerfung des gewöhnlichen Raums. Diese Verwerfung gehört einem »unmöglichen« Raum an, einer anderen Dimension, einer Bruchstelle in der Textur der Welt. Übrigens gibt es zahlreiche Räume dieser Art, in die Sie fallen können. Manche ähneln Krypten oder Treppen, umgekehrten Kellern, spiralförmigen Perspektiven. Andere sind mit unendlichen Linien gestreift und von schwarzen Löchern durchbrochen. Wieder andere sind wie Glasglocken, Kürbisse, Cheshire-Katzen*.
Vor allem zögern Sie nicht. Wehren Sie sich nicht gegen die leiseste Attraktion, die Sie spüren. Lassen Sie sich vereinnahmen, gleiten, hineinziehen. Sie brauchen keine Angst zu haben: Aus diesen Räumen kehrt man niemals wieder. Fortan lebt man in ihnen, während man gleichzeitig in dem unseren bleibt. Man existiert also von Stund an in mehreren Räumen. Das ist der Grund, warum die Kunst die Intensität des Daseins steigert.

* Figur aus *Alice im Wunderland* (Anm. d. Übers.)

74 Am helllichten Tag das Kino verlassen

Dauer: rund 90 Minuten
Material: ein Kino, Tageslicht
Wirkung: zeitverschiebend

Lange haben Sie das Geschick der Heldin verfolgt, die Kämpfe, die Verwicklungen. Das Kino hat sie von allen aktuellen Gedanken befreit und Sie mit seinen Bildern gefüllt. Es hat Ihnen die Zeit und das Bewusstsein ihres Fortlaufs abgewaschen. Sie gehen in den Gang, von dem die Treppe nach draußen führt. Im Licht der Flurlampen finden Sie einen ersten Fetzen der gewöhnlichen Welt. Doch das ist erst eine Passage, ein Übergang. Plötzlich öffnen Sie die Tür.

Draußen scheint die Sonne. Das hatten Sie vollkommen vergessen. Sie fragen sich, wie es möglich ist. Nicht Ihr Vergessen, sondern der helle Tag. Im Freien, in der Sonne. Das stand nicht im Drehbuch. Es hätte Nacht sein müssen. Wie üblich. Nur noch wenige Fußgänger, einige eilige Taxis, geschlossene Schaufenster. Ganz und gar nicht. Es ist heller Tag, Sie müssen die Augen ein bisschen zusammenknei-

fen. Auf dem Gehsteig drängen sich die Menschen. Was haben sie denn während der ganzen Zeit gemacht? Haben sie gearbeitet? Sind sie gelaufen? Wie haben sie es angestellt zu existieren?
Na gut, sie haben sich durchgeschlagen wie üblich. Trotzdem. Ihr massenhaftes Fortbestehen ist irgendwie rätselhaft, ja provozierend. Wenn Sie mit dem Strom schwimmen, wenn Sie mit ihnen arbeiten oder im Bus fahren, bemerken Sie es nicht. Sie wissen genau, dass diese Leute sich abmühen, um ihr Dasein zu bestreiten. Aber jetzt, da Sie mit der Heldin und ihren Kämpfen gelebt und gefiebert haben, wissen Sie nicht, wie diese Menschen es angestellt haben.
Die anderen haben schlicht ihre üblichen Verrichtungen fortgesetzt. Ihre Zeit schließt nahtlos an die vorangegangene an. Ihre Bewegungen schließen sich zu einer ununterbrochenen Kette zusammen. Die Ihren nicht. Für Sie hat sich die Zeit überdehnt. Sie hat eine große Schleife gebildet, in der sich die Geschichte des Films befand, die Landschaften, Ihre Gefühle, vielleicht sogar ganze Leben. Ziemlich rasch wird diese Frage verblassen und ganz verschwinden. Aber nur durch Nachlässigkeit und anderweitige Inanspruchnahme. Wirklich geklärt ist sie nicht.

75 Ins kalte Wasser springen

Dauer: 1 Stunde und 20 Sekunden
Material: Strand, Sonne, Meer
Wirkung: grenzwertig

Wenn Ihre Gesundheit es zulässt, beginnen Sie damit, dass Sie längere Zeit in sengender Sonne liegen. Mindestens eine Stunde an einem sehr heißen Tag. Ihre Haut muss brennen, und selbst das Innere Ihres Körpers muss sich erwärmen. Entscheiden Sie sich nach Möglichkeit für eine Zeit und einen Ort, wo das Wasser besonders frisch ist. Je stärker der Kontrast zwischen der Hitze des Sandes und der Kühle des Wassers, desto erfolgreicher das Experiment.
Laufen Sie unvermittelt ins Wasser. Bleiben Sie nicht stehen. Strecken Sie sich, springen Sie, tauchen Sie in das frische Wasser ein, schwimmen Sie mit angehaltenem Atem, so lange Sie können. Diese wenigen Sekunden sind einer näheren Untersuchung wert. Die Explosion der Kühle ist nicht sofort spürbar. In den ersten Zehntelsekunden spüren Sie am ganzen Körper ein Kribbeln und Prickeln, einen Funkenregen, ein Wechselbad von Kalt und Warm, wie ein freier Fall, eine sprühende Zäsur. Erst ein oder zwei

Sekunden später kommt die Kälte, der betäubende Schauer, die Notwendigkeit, unter Wasser zu bleiben, so tief wie möglich zu schwimmen, bevor Sie auftauchen, um durchzuatmen und sich wieder dem blendenden Glanz der Sonne auszusetzen.
Wem die Vorsicht das Experiment in dieser Form verbietet, kann sich eine entsprechende Empfindung auf andere Weise verschaffen: Lassen Sie sich rasch in eine Badewanne mit lauwarmem bis kühlem Wasser gleiten. Wer besonders zaghaft oder anfällig ist, kann auch einen Fuß in eine Schüssel mit eiskaltem Wasser tauchen. Interessant ist in allen Fällen die Betäubung, die der Kontrast hervorruft, der kurze Moment, der Sie sich selbst entfremdet. Die gegeneinander versetzten, auseinander klaffenden Empfindungen, die offenbar zu fern, zu verschieden sind, um auf Anhieb in die vermeintliche Kontinuität des Ichs integriert werden zu können. Sie erscheinen zu unterschiedlich, um sich bruchlos zusammenfügen zu lassen. Sie folgen so rasch aufeinander, dass das Ich wie eine Schildkröte auf den Rücken geworfen wird.

76 Unveränderliche Landschaften suchen

Dauer: endlos
Material: die Erde
Wirkung: verewigend

Es ist nicht eigentlich Nostalgie. Eine gewisse Gerührtheit vielleicht, eine melancholisch gefärbte Neugier, die uns zu der Frage veranlasst, wo heute noch Landschaften sind, die aussehen wie vor einigen Zehntausend Jahren. Gibt es Orte, die sich überhaupt nicht verändert haben? Denen der Mensch seinen Stempel noch nicht aufgedrückt hat?

Welcher Wald ist sich selbst gleich geblieben? Welche Gegend, welcher Landstrich, welche Hügelkette hat ihr Gesicht unverändert bewahrt? Ja, welches Gebirge? Sie beginnen zu überlegen. Sie versuchen es mit Annäherungen, Orten, die die Bedingung teilweise erfüllen. Doch Sie haben Ihre Zweifel. Hat die Landwirtschaft nicht überall ihre Spuren hinterlassen? Die Erosion nicht alles verändert? Sie stellen sich ein Panorama vor, das im Großen und Ganzen so geblieben sein müsste, wie es ein Steinzeitmensch erblickt hat. Aber Sie sind sich nicht ganz sicher. Das enttäuscht Sie.

Dabei ist die Lösung gar nicht kompliziert. Fahren Sie aufs Meer hinaus, bis Sie die Küste nicht mehr sehen. Bitte, da hat sich nichts verändert. Die ausgedehnte Wasserfläche ist sich selbst gleich geblieben. Was Sie vor Augen haben, dürften schon die Flugsaurier betrachtet haben. Und dieses Bild bestimmt noch immer zwei Drittel der Erdoberfläche. Mit anderen Worten, der größte Teil der Erde ist unverändert. Ungeachtet aller Verwüstungen, Umwälzungen und Spuren menschlicher Tätigkeit hat der größere Teil unseres Planeten sein Erscheinungsbild praktisch unverändert bewahrt, feucht und blau, so weit das Auge reicht.

Egal, was diese Erkenntnis für Sie bedeutet – einen Anlass zum Staunen, einen Gegenstand für Kontroversen, eine beruhigende Tatsache oder eine bittere Ernüchterung –, der Schaum wird bleiben.

77 Die eigene aufgezeichnete Stimme hören

Dauer: einige Minuten
Material: eine Aufzeichnung, auf der Ihre Stimme zu hören ist
Wirkung: befremdend

Es ist immer wieder verblüffend. »Das bin ich?« Ihre Stimme erscheint Ihnen zu hoch oder zu tief, zu langsam oder zu schnell, unausgewogen, schräg, unerwartet. Zunächst erkennen Sie weder ihre Klangfarbe noch ihr Volumen. Während das Aufzeichnungsgerät die Stimmen anderer richtig wiedergibt, verfälscht es die Ihre.

Gewiss, die Wörter und Sätze haben Sie gesagt. Sie erkennen auch sofort Ihre Sprache, aber verzerrt, im Profil, aus einem eigenartigen Blickwinkel. Das sind Sie und auch wieder nicht. Sie fallen in einen Riss, eine Leere, die sich plötzlich aufgetan hat. Sie kennen sich »von innen«. Nun nehmen Sie sich »von außen« wahr. Leute vom Fach sind daran gewöhnt. Wer beim Funk oder in Tonstudios arbeitet, kennt seine Stimme »in«- und »aus«-wendig. Er arbeitet in und mit dieser Materie. Daran gewöhnt, sich selbst zu hören, ist ihm die Überraschung und das Unbehagen unbekannt, die sich automatisch einstellen, wenn man die eigene Stimme so hört, wie sie die anderen vernehmen.

Es gab eine Zeit, da konnte kein Mensch seine Stimme so hören, wie die anderen sie wahrnahmen, und auch sein Erscheinungsbild nicht so sehen, wie die anderen es erblickten. Diese Dezentrierung verdanken wir unseren Apparaten und Geräten. Das heißt keinesfalls, dass wir uns selbst entkommen. Die Geräte beweisen lediglich, dass unser privates Selbstbild auf Ignoranz beruht. Die Technik hilft der Philosophie. Sie wirft die Frage auf, welches Erscheinungsbild wir zugrunde legen sollen: dasjenige, das wir von innen wahrnehmen, oder dasjenige, das aufgezeichnet wird und objektiv zu sein scheint? Die gleiche Frage lässt sich in Bezug auf das Gesicht, das Denken, die Gesamtheit unserer Verhaltensweisen stellen. Es gibt nie eine Antwort darauf. Das erstaunt noch immer.

78 Einer Unbekannten sagen, dass sie schön ist

Dauer: weniger als 1 Minute
Material: keines
Wirkung: Feuerwerk

Sie haben sie noch nie gesehen. Es ist reiner Zufall, dass Sie sie heute im Restaurant erblicken. Oder im Zug, im Café, auf der Straße. Sie ist einfach phantastisch, lebendig, vollkommen. Ihre bloße Gegenwart ist beglückend. In wenigen Minuten oder Sekunden wird sie verschwunden sein. Nie werden Sie sie wiedersehen. Das ist ohne Bedeutung. Die kurze Begegnung genügt, um Sie mit Dankbarkeit zu erfüllen. Sie möchten ihr dafür danken, dass sie existiert, ihr sagen, dass sie schön ist und wie glücklich Sie diese Schönheit macht.

Das gehört sich nicht. Sie riskieren fundamentale Missverständnisse. Wenn Sie allein ist, wird sie glauben, Sie wollten sie anbaggern (dabei ist Ihre Dankbarkeit ohne jeden Hintergedanken). Ist sie in Begleitung, sind Sie unversehens in der Rolle des obszönen Provokateurs, der sich eine Abreibung verdient hat.

Das Experiment besteht darin, dass Sie sich ein Herz fassen. Trotzdem. Es ist nur eine Frage des Stils und der Ernsthaftigkeit. Sie haben dabei mehr zu gewinnen als zu verlieren. Was genau zu gewinnen? Das Vergnügen, es auszusprechen. Für die Freude, die die Anschauung gewährt, können wir einer Landschaft, einem Himmel, einem Felsen, einer Blume oder einem Vogel nicht danken. Ihnen würde das Gefühl der Dankbarkeit, das sie in uns hervorrufen, nichts sagen. Anders verhält es sich mit der Gegenwart menschlicher Schönheit.
Was dann geschieht, müssen Sie abwarten. Wenn in der Mehrzahl der Fälle die Reaktion in einem Achselzucken besteht, so lässt das wenigstens auf einen beklagenswerten Zustand des sozialen Zusammenhaltes schließen.

79 An das Vorhandensein eines Geruchs glauben

Dauer: zwischen einem winzigen Augenblick und unendlich
Material: keines
Wirkung: hundemäßig

Sie glauben, etwas gerochen zu haben. Ein unbestimmtes Aroma, das Sie nicht sofort erkennen. Einen Blütenduft, einen Frühlingshauch, vielleicht eine ferne Erinnerung an Weihrauch, eine olfaktorische Jugenderinnerung. Versuchen Sie nicht, den Geruch zu identifizieren. Bewahren Sie nur seinen Eindruck. Lassen Sie sich auf ihn ein, so zart, schwach oder flüchtig er auch sein mag. Verstärken Sie, nähren, pflegen, unterstützen, entfalten Sie die Welt, die er in sich trägt.
Entspricht dieser Geruch einer Realität? Haben Sie ihn sich nur eingebildet? Egal. Vertrauen Sie getrost auf einen vorbeistreichenden Geruch, nehmen Sie ihn auf und ziehen Sie ihn groß, ohne sich zu fragen, ob er echt oder falsch, gut oder schlecht ist. Heißen Sie alle Gerüche willkommen: die eines Landes, eines Hauses, eines Menschen, einer Situation, die

Gerüche der Angst, der Liebe, des Todes, der Kindheit, der Schule, der Arbeit, der Küche, der Märkte, Gerüche aller Art. Sie werden feststellen, dass dieses vernachlässigte Universum, von dem man oft meint, es sei kaum wert, zu existieren oder beachtet zu werden, auf halbem Weg zwischen Phantasie und Wirklichkeit angesiedelt ist. Hier unterscheiden sich beide kaum, tauschen ihre Plätze oder sind miteinander verflochten. Das Land der Düfte ist ein Reich zwischen Traum und Wachen, Wahrnehmung und Illusion.

Es stellen sich ungewöhnliche Fragen, über die sich die Fachleute endlos streiten. Zum Beispiel: Verändert sich der Geruch des Wassers mit der Temperatur? Ist es möglich den Geruch des Geruchs wahrzunehmen? Hat beispielsweise die Essigessenz einen Geruch, der mit der Essigexistenz vergleichbar ist (und so fort)? Hat die Welt einen Geruch oder nicht? Sind Anosmiker (Menschen ohne Geruchsvermögen) Atheisten? Gebührt ihnen der gleiche Status wie Blinden oder Gehörlosen? Sie können die Liste nach Belieben fortsetzen.

80 Aufwachen und nicht wissen, wo

Dauer: 5 Sekunden
Material: ein Zimmer in der Fremde
Wirkung: kosmopolitisch

Sie sollten schon ziemlich müde sein. Oder Sie sind häufig auf Reisen und führen ein sehr unruhiges Dasein. Sie schlafen, und plötzlich reißt Sie ein Geräusch, ein Lichtschein oder auch nur der Wecker aus dem Schlaf. Sie wissen, dass Sie nicht zu Hause sind, können sich aber einen kurzen Augenblick lang nicht darauf besinnen, wo Sie sich befinden. Fünf Sekunden sind ein gutes Intervall. Dann sind Sie wieder bei sich selbst, haben die Umgebung erkannt, wissen Bescheid – welche Stadt, welches Haus, warum. Das Experiment besteht darin, diesen fließenden Augenblick zwischen erstem Erwachen und wiedergefundener Wirklichkeitsverankerung zu erforschen.

Trotz seiner Kürze ist das ein sehr interessanter Zeitraum. Sie haben das Gefühl, ohne Bodenhaftung, schwerelos zu sein. Sie sind nicht direkt besorgt,

noch nicht einmal beunruhigt, sondern einfach in absoluter Weiße, reinem Licht. Wie in den Büchern können Sie sagen: »Wo bin ich?« Sie haben überhaupt keinen Zweifel am Vorhandensein der Welt, ihrem eigenen, der Fortdauer der Existenz. Sie sind nur noch einen winzigen Augenblick lang in Unkenntnis, wie sich dieser Ort nennt, wo er sich befindet und sogar warum Sie hier sind. Aber Sie zweifeln nicht einen Augenblick daran, irgendwo zu sein und bald auch zu wissen, wo.
Das vermittelt Ihnen einen kurzen Moment lang die köstliche Leichtigkeit eines Geheimnisses ohne Gefahr. Die Fragen sind real, werden aber gleich beantwortet sein. Trotz allem ist Ihre Unwissenheit nicht gespielt. Sie wissen wirklich nicht, wo Sie erwacht sind. Gleichzeitig haben Sie unbegrenztes Vertrauen in Ihr Weltwissen: Sie sind irgendwo, das steht außer Zweifel, und in wenigen Sekunden wird Ihnen auch klar sein, wo. Ja, richtig, das war's! Lassen Sie sich diesen seltenen Augenblick vollkommener Schwebe zwischen Zweifel und Gewissheit, Wissen und Unwissenheit, Unruhe und Sicherheit nicht entgehen.

81 Eine unendliche Treppe hinabsteigen

Dauer: einige Minuten
Material: eine Treppe von 8 bis 20 Stockwerken
Wirkung: introspektiv

Zwei oder drei Stockwerke brauchen Sie, um Ihren Rhythmus zu finden. Versuchen Sie, so schnell wie möglich das Gleichmaß der Schritte, der Beinbewegungen, des Atems herzustellen, und behalten Sie es bei, ohne nachzudenken. Alles muss rasch mechanisch werden, bis Ihnen ein leichtes Schwindelgefühl anzeigt, dass Sie den gewünschten Zustand erreicht haben. Fahren Sie fort.

Stellen Sie sich vor, Sie hörten nie mit diesem Abstieg auf. Die Spiralbewegung dauerte unendlich fort. Das Ganze ist bodenlos: keine Hölle, keine reine Materie, kein Zerfall, kein Tod. Nichts als ein gleichbleibender, unendlicher Abstieg – so weit das Auge reicht. Durch nichts aufzuhalten. Sie können den Abstieg nach Belieben ausschmücken. Stellen Sie sich beispielsweise vor, Sie würden Zonen verschiedener Farben durchqueren. Erfinden Sie bitter-

kalte und glühend heiße Stockwerke, dunkle und lichte, lange Abschnitte der Überbevölkerung und der Verlassenheit, Treppenzonen in besserem und schlechterem Zustand, einheimische Bevölkerungen, Folkloremusik, Ernährungssitten, Felsmalereien. Nur eines dürfen Sie nicht verändern, die Gewissheit, dass Ihr Abstieg unendlich ist.
Dann wird Ihnen der Geist der Treppe zwei Grabreden eingeben, zwei Grabreden, die Sie stumm, aber voller Leidenschaft vortragen: eine auf den Erfinder des Erdgeschosses, die andere auf den Hersteller von Fahrstühlen.

82 Ein Gefühl überwinden

Dauer: unterschiedlich
Material: keines
Wirkung: läuternd

Wir haben vergessen, dass lange Zeit für die Besten unter uns das Ideal darin bestand, sich ihrer Gefühle zu entledigen. Sich von dieser Wirrnis zu befreien, den Ballast abzuwerfen, das schädliche Feuer zu ersticken galt als vornehme Aufgabe. Dass dieses edle Bemühen in Vergessenheit geriet, war nicht zuletzt die Schuld der Romantik. Sie hat aus den Gefühlen große Abenteuer gemacht und in ihnen das Schicksal wiedererkannt. Unter dem Einfluss der Romantik sind die Gefühle glorreich, gelegentlich sogar grandios geworden. Auf jeden Fall zu etwas Beneidenswertem. Die Klassiker, die Erben der Antike, haben alles getan, um die Gefühle im Zaum zu halten. Emotionen waren ein Störfaktor, den es auszuschließen galt.
Denken Sie nur daran, wie in der Antike das Ideal des Weisen aussah. Der Weise ist glücklich und bewundernswert, weil es ihm gelungen ist, sich von der Herrschaft der Gefühle zu befreien. Er lebt außer-

halb ihrer Reichweite, nimmt sie nicht zur Kenntnis, ist gewissermaßen immun geworden für ihre Wirkung. Der Weise erregt sich nicht.
Sicherlich werden Sie niemals weise sein. Versuchen Sie aber zumindest, ein Gefühl abzuweisen. Sehen Sie es als eine Beule an, eine Enzündung, eine vorübergehende Schwellung, die es zu glätten gilt. Versuchen Sie, es von außen zu betrachten, es lächerlich und unangenehm zu finden. Treten Sie nicht in die Emotion ein. Sind Sie schon darin, schaffen Sie sich einen Ausgang. Bemühen Sie sich, die Schwellung zu glätten. Aber versteifen Sie sich nicht auf diese Aufgabe, lassen Sie das Gefühl einfach vorbeigehen. Manchmal ist das natürlich sehr schwierig. Wenn Sie sehr unruhig sind, die Angst Sie fest im Griff hat oder die Freude Sie überwältigt, ist die Überwindung des Gefühls sehr schwierig, aber nicht ausgeschlossen. Entscheidend ist, dass Sie sich klar machen, welches Ideal Sie anstreben. Ein Leben ohne Traurigkeit und ohne Aufregung, ohne Panik und ohne Begeisterung, ein Dasein ohne die Stürme der Leidenschaft. Oder aber ein Leben voller Kontraste, voller Implosionen und Explosionen, voller Schrecken und Ekstasen, Weinen und Lachen. Versuchen Sie, mit einem Vorgeschmack beider Möglichkeiten zu experimentieren. Oder finden Sie eine dritte Möglichkeit, wenn Sie können. Die Menschheit wäre Ihnen sehr dankbar.

83 Das Flüchtige festhalten

Dauer: angehalten
Material: ein Aufzeichnungsgerät
Wirkung: kontemplativ

Einst gingen die flüchtigen Einzelheiten auf immer verloren. Eine Handbewegung, ein versteckter Blick, die Andeutung eines Lächelns, ein Wechsel des Tonfalls, eine bestimmte Beleuchtung, alles das versank mit tausend anderen winzigen Wirklichkeiten Sekunde für Sekunde im Meer des Vergessens, in dem niemand eine Spur hinterließ.

Nun haben wir Apparate für die Einzelheiten erfunden, mit denen wir auch die winzigste Kleinigkeit festhalten, Töne und Profile für die Ewigkeit aufzeichnen können. Allerdings haben wir uns so rasch an sie gewöhnt, dass wir heute ihr Vorhandensein und ihre Macht missachten. Oder fast.

Das Experiment besteht darin, dass Sie sich das Vermögen dieser Technologien wieder vor Augen führen. Tagtäglich machen wir von ihnen Gebrauch, indem wir Radio hören, CDs lauschen, fernsehen oder Videos anschauen, fotografieren, Stimmen, Musik, Bilder und so weiter aufzeichnen. Machen Sie sich

klar, auf welche einzigartige Weise diese Geräte dem Ablauf der Zeit Bruchstücke der Vergänglichkeit entziehen.
Eine Taste, die Scott Joplin 1902 anschlägt, ein Wimpernschlag von Louise Brooks im Jahr 1934, ein Stiefel, der 1940 auf das Pflaster der Champs-Élysées knallt, die Ankunft eines überfüllten Zuges gestern in Kalkutta … genauso wie Milliarden anderer Augenblicke, lebendig eingefangen, Gesten, auf Fotos oder Filme gebannt, Musik auf Konserve. Versuchen Sie daran zu denken, wenn Sie ein Foto betrachten oder eine CD hören. Und wenn Sie selbst ein Stückchen Leben aufzeichnen, dann sagen Sie sich, dass Sie der Zeit einen winzigen Daseinssplitter entwenden. Träumen Sie von diesem paradoxen Stundenglas, das den Staub der verrinnenden Zeit in eine Art Ewigkeit davonfliegen lässt. Von Augenblick zu Augenblick wird das, was eigentlich für immer entschwunden sein müsste, verfügbar und kann beliebig oft aufgerufen werden. Das Flüchtige und das Vergängliche fließen unablässig dem Ewigen entgegen.
Fragen Sie sich, wie das enden soll.
Die Antwort zählt nicht.

84 Ein Zimmer einrichten

Dauer: mit Unterbrechungen
Material: Zimmer
Wirkung: abstimmend

Auslegware und Tapeten, Fliesen und Farbe, Elektrokabel, Beleuchtungskörper, Türen und Fenster, Vorhänge und Kissen, Möbel, Pflanzen … Zimmer, Farben und Stile müssen aufeinander abgestimmt werden. Interessant dabei ist, dass man nicht weiß, wie man es machen soll. Versuchen Sie auf das zu hören, was das Zimmer sagt. Jeder Ort verlangt bestimmte Formen und Möbel. Das lässt sich nicht generell und nicht vernunftgemäß entscheiden. Es ist, als würde in jedem Raum der Geist des Ortes in seiner eigenen Sprache zu Ihnen sprechen, die Sie mit Ihren Mitteln wahrnehmen müssen. Daher sollten Sie den Charakter des Ortes auf sich wirken lassen: den Raum, das Licht, die Flächen, die Texturen, die Strukturen. Und sich tastend mit der Aufgabe vertraut machen.
Niemals ergibt sich eine wirklich gelungene Einrichtung aus einer ersten Eingebung. Sie müssen sich der Sache langsam nähern, Schritt um Schritt, durch

Versuch und Irrtum. Schweigen und vergessen, wiederentdecken, unterhalb der Ebene von Wörtern und Vorstellungen handeln. Keinesfalls theoretisch oder abstrakt. Sie entscheiden sich für eine Farbe, und die anderen rundherum verwandeln sich. Sie stellen ein Möbelstück auf, und die räumlichen Verhältnisse ändern sich, manchmal auch die Farben und die Lichtverhältnisse. Ständig wirkt alles mit allem zusammen. Deshalb dürfen Sie keinen Fehler begehen, auch wenn Ihnen noch nicht klar ist, wie Sie im Einzelnen vorgehen wollen.

Das Experiment folgt also immer wieder anderen Regeln. Sie müssen den Dingen ihren Lauf lassen und gleichzeitig handeln. Es ist ganz und gar Ihr Werk, aber es gelingt nur, wenn Sie den Dingen nicht Ihren Willen aufzwingen. In gewisser Weise hängen die Konsequenzen dieser relativen Passivität von dem ab, was Sie sind. Was der Ort vorschreibt, was er nach und nach verlangt, ist natürlich von Individuum zu Individuum verschieden. Wenn der Ort die Führung übernimmt, dann sind Sie es, der geführt wird, und nicht irgendein anderer. Folglich richten Sie nicht nur das Zimmer allmählich ein, sondern auch sich selbst.

Dieses Experiment lehrt uns, dass wir lebendiger Bestandteil der Einrichtung sind. Keinesfalls die Urheber, die Schöpfer, ein Wille, der von außen über die Erscheinung bestimmt hätte. Sie werden ein Element des Zimmers, und das Zimmer wird eines der Elemente, die Sie sind. Sagt jemand: »Es ist hübsch bei dir«, dann können Sie darin nur eine idiotische Formel sehen oder zu der Erkenntnis gelangen, dass die Effekte der Wahrheit Prozesse sind.

85 Über eine Idee lachen

Dauer: unvorhersehbar
Material: Ideen
Wirkung: ermutigend

Können Ideen uns zum Lachen bringen? Ein komplizenhaftes Lächeln, ein Zeichen der Amüsiertheit? Mehr als das. Ein Lachen aus voller Kehle, ein schallendes Gelächter. Gelegentlich dürfte das der Fall sein. Das Lachen ist nicht diskret. Weder ist es wirklich höflich noch geschmackvoll. Obwohl durch und durch menschlich, ist es tierisch und hemmungslos, ungehörig.

Wenn Sie das Lachen über eine Idee zum Gegenstand eines Experiments machen möchten, müssen Sie sich an die Philosophen halten. Bei ihnen finden Sie zahllose Begriffe, die absurd, bizarr, geschmacklos, geschraubt, gesucht, geklaut, verzerrt, grotesk, exzentrisch, abwegig, bescheuert, ungeheuerlich, aufgebauscht, bestürzend, beängstigend sind. Diese Menschen denken quer, seitwärts, schräg, im Profil, balancierend, in der Luft, von hinten, mit geschlossenen Augen, ohne Hände. Die akrobatischen Kunststücke und Zaubertricks wird man allerdings vergebens bei den Unbedeutenden, den Schwerfälligen, den Handlangern suchen. Sie sind nur bei den Großen, den Wahren, den Echten zu finden. Die Genies bringen uns zum Lachen. Was sie erfinden, sind begriffliche Raritäten, Konzepte, mit denen man im ersten Augenblick überhaupt nichts anzufangen weiß, Erfindungen, die dazu dienen, dem Offenkundigen den Boden zu entziehen, Gedanken, die einem zunächst undenkbar erscheinen.

Vielleicht widerstrebt es Ihnen anfangs, sich über das Wahre, das Gute, das Schöne lustig zu machen. Fangen Sie also mit den Merkwürdigkeiten an. Beschäftigen Sie sich mit Entlegenem. Zum Beispiel: was Platon über Hunde sagt, Aristoteles über die Erektion, Spinoza über das Kitzeln, Pascal über das Niesen, Kant über die Kongo-Ameisen. Das dient der Akklimatisierung, ist aber noch nicht das eigentliche Experiment, denn es lässt den Glauben an eine sinnvolle Unterteilung unangetastet – dort die Merkwürdigkeiten und hier die wirklichen Fragen, die guten und die legitimen. Vielmehr müssen Sie es erreichen, bei Platon über die Idee des Guten, bei Aristoteles über die des ersten Bewegers, bei Spinoza über die der Natur, bei Pascal über den Gott Abrahams und bei Kant über das moralische Gesetz zu lachen, um nur einige Beispiele zu nennen.

Diesen Punkt können Sie nicht allein dadurch erreichen, dass Sie Zeit, Lektüre und ein bisschen Geduld

investieren. Vor allem müssen Sie die ärgerliche Angewohnheit ablegen, zwischen Wichtigem und Lächerlichem zu unterscheiden, dem Ernsthaften mit dem würdevollen Gesicht und dem Grotesken und Lächerlichen, das die Heiterkeitsanfälle auslöst. Das Wesentliche ist lächerlich. Versuchen Sie also, die Überzeugung abzulegen, wer über die großen Ideen lache, verachte sie.
Die beste Art, die Ideen zu achten, besteht darin, über sie zu lachen. Erklären, kommentieren Sie.

86 Auf der Terrasse eines Cafés verschwinden

Dauer: 30 bis 40 Minuten
Material: Café, Terrasse
Wirkung: durchscheinend

Nach Möglichkeit sollte es voll sein. Richtig voll, fast zu voll. Endlich finden Sie einen Platz, einen kleinen Tisch, ganz hinten. Bestellen Sie, warten Sie, bis der Kellner serviert hat, bitten Sie ihn, gleich zu kassieren. Wie er sich benimmt, ist egal, in drei Sekunden sind Sie ohnehin nicht mehr da.

Es gibt nichts, was Sie wirklich stören würde. Nichts hat sich an Ihrer Wahrnehmung merklich verändert. Doch seit Ihnen der Kellner das Wechselgeld herausgegeben hat, sind Sie durchsichtig geworden. Niemand sieht Sie mehr. Die Menschen um Sie herum sprechen miteinander, aber keiner richtet das Wort an Sie. Die Blicke gehen durch Sie hindurch, finden nichts, woran sie sich festhalten könnten. Zwar setzt sich niemand auf Ihren Stuhl, aber das ist reiner Zufall. Abwesend sind Sie, aufgelöst, ungreifbar. Plötzlich zu nichts geworden. Ihre Existenz ist

nur noch für Sie selbst ersichtlich. Für die anderen ist sie nicht mehr wahrnehmbar.
Aus dieser kritischen Situation können Sie sich befreien, indem Sie zu dem Mittel greifen, das der unsichtbare Mann so gern verwendet: Sie begießen sich einfach mit etwas, was sichtbare Flecken hinterlässt. Doch auch das funktioniert nicht immer, denn das Gleiche kann Ihnen auch in der U-Bahn passieren, im Theater, irgendwo, wo Sie sich dieses Kunstgriffs nicht bedienen können. Fazit: Ein gewisser Zweifel bleibt immer. Sie können nie ganz sicher sein, dass Ihre Existenz, von außen betrachtet, kontinuierlich erscheint. Es gibt zwar zahlreiche und übereinstimmende Indizien, aus denen sich schließen lässt, dass die anderen Sie sehen, mit Ihnen sprechen und Sie im Allgemeinen nicht verwechseln, aber nichts beweist, dass es sich immer so verhält. Im Gegenteil, in so mancher Situation erkennen Sie, dass Sie in den Blicken oder dem Verhalten der anderen nicht anwesend sind. Im Allgemeinen genügt es dann, dass Sie sprechen, eine Frage stellen, sich in irgendeiner Weise manifestieren, um den Verdacht zu zerstreuen. Doch immer klappt das nicht. Ein paar Situationen bleiben, in denen Sie nichts davon überzeugen kann, nicht verschwunden zu sein.
In diesen Augenblicken stellt sich die Frage, ob sie die Situation eher als beunruhigend oder als beruhigend empfinden.

87 Zu Hause auf einem See rudern

Dauer: rund 1 Stunde
Material: Rudergerät oder Kahn
Wirkung: symmetrisch

Hin und wieder rudern Sie, auf einem Sportgerät oder in einem Kahn auf einem See. Wussten Sie, dass Rudern eine philosophische Tätigkeit ist? Dafür gibt es verschiedene Belege. Vernachlässigen wollen wir den Umstand, dass im Französischen damit eine Mühe ohne direktes Ergebnis bezeichnet wird. (*J'ai beaucoup ramé* – »Ich habe mich fürchterlich abgestrampelt«.) Dafür wollen wir aber beachten, dass es sich um eine einfallsreiche Art der Fortbewegung auf einem Element handelt, das nicht das unsere ist. Anzumerken ist ferner, dass dabei nur die Oberflächen, die äußerlichen Erscheinungen erkundet werden, ohne in Erfahrung zu bringen, was sich darunter, auf der anderen Seite des Blickes befindet. Doch auch das ist noch nicht das entscheidende Merkmal.

Was die Verwandtschaft zwischen Philosophie und Kahnpartien wirklich belegt, ist der Umstand, dass in beiden Fällen die Bewegung fortlaufend ist und ihre Regelmäßigkeit aus einer Folge, einer notwendigerweise unterbrochenen Folge von wiederholten Bemühungen besteht. Jeder Ruderschlag ist von den anderen unabhängig, er liefert dem Kahn einen unabhängigen Antrieb, das Boot kommt also im Prinzip stoßweise voran. Und doch, wenn der Ruderer seine Schläge flüssig aneinander fügt, fährt der Kahn gleichmäßig und kontinuierlich. Zweifellos ist das eine mögliche Darstellung der Philosophie: einzelne, diskontinuierliche Schritte, die in ihrer Gesamtheit für einen regelmäßigen und bruchlosen Fortschritt sorgen. Der Schlüssel des Erfolgs: eine umsichtige Verwendung der Trägheit, Gleitfähigkeit und des Atems.

Eine entscheidende Regel beim Rudern: die Beachtung der Symmetrie. Die geringste Störung des Gleichgewichts, ein bisschen zu viel Kraft rechts und zu wenig links oder umgekehrt, und der Weg verändert sich, das Boot schwankt, der Rücken verkrampft, nichts geht mehr. Sie müssen also die Symmetrie wahren. Versuchen Sie, sie auf Ihre Vorstellungen auszudehnen. Wenn Sie also das nächste Mal auf Ihrem Rudergerät in Ihrem Zimmer trainieren, stellen Sie sich vor, sie befänden sich auf einem See, vergegenwärtigen Sie sich die Farbe des Wassers, achten Sie auf Ihren Rhythmus und die Symmetrie. Und das nächste Mal, wenn Sie sich in einem Kahn

auf einem See befinden, vergegenwärtigen Sie sich die Möbel Ihres Zimmers und achten Sie auf Ihren Rhythmus und die Symmetrie.
Haben Sie die beiden Arten zu rudern einander so weit angenähert, dass die eine die andere heraufbeschwört und umgekehrt, dann fragen Sie sich, welchen Zusammenhang das mit der Philosophie haben könnte. Fahren Sie damit so lange fort, bis Sie den Zusammenhang klar vor Augen haben.

88 In der Nacht herumschleichen

Dauer: 2 bis 3 Stunden
Material: Stadt, Nacht
Wirkung: nomadisierend

Viele Menschen glauben, dass das Wesen der Nacht die Abwesenheit von Sonnenlicht sei. Diese Auffassung ist nicht nur grob vereinfacht, sondern auch falsch. Die Nacht ersetzt den Planeten, den wir tagsüber kennen, durch einen neuen. Weder die Kodes noch die Gesten sind die gleichen. Auch die Gedanken sind andere. Und es steht keineswegs fest, dass man es mit denselben Menschen zu tun hat.
Am deutlichsten tritt diese Mutation zweifellos in den Städten in Erscheinung. Eine ganz besondere Population bevölkert die Nacht. Sie ist spärlicher, seltener, verstreuter. Die Nacht ist zunächst einmal ein Raum, der nicht mit dem gleichen Maßstab zu messen ist wie der des Tages. Man durchstreift ihn. Das zeigt, dass man sich in ihm ohne genaues Ziel bewegt, es sei denn, man hat es auf eine bestimmte Beute abgesehen, die wiederum schwer zu definieren ist. Die Straßen sind fast ausgestorben. Man

kommt rasch voran, gewinnt einen Eindruck von der Konfiguration der Stadt. Egal, ob Sie zu Fuß oder mit dem Wagen unterwegs sind, die Nacht öffnet Ihnen die Stadt und weckt die Lust, sie unbegrenzt zu durchmessen.

Das Experiment besteht darin, dass Sie das Lenkrad oder Ihr Herz in beide Hände nehmen und aufbrechen, ohne zu wissen, wohin. Sie werden immer etwas Neues entdecken, selbst wenn Sie sich diese Unternehmungen zur Gewohnheit werden lassen. Eine Neonreklame, ein Viertel, eine Schlägerei, eine Notlage, ein Schauspiel, eine vorhersehbare Orgie, ein Blackout, ein spontanes Fest. Experimentieren Sie vor allem mit unterschiedlichen Nächten, die räumlich oder zeitlich voneinander getrennt sind. Und vielleicht werden Sie sich wünschen, dass die Nacht nie aufhört. Sie werden die Morgenröte wie eine Niederlage erleben und die Abenddämmerung nicht abwarten können. Das Ende des Tages wird wie ein Versprechen sein.

Sie werden sich nach der Wahrheit jener bekannten Definition fragen: »Philosophen der Aufklärung nennt man jene, die in der Dunkelheit von allem Leuchtenden angezogen werden.« Und Sie werden sich überlegen, welche Beziehung es zwischen dieser Definition und dem Umstand gibt, dass im Griechischen der Plural von *psyche*, »Seele«, zur Bezeichnung der Nachtfalter dient.

89 Sein Herz an einen Gegenstand hängen

Dauer: mindestens einige Jahre
Material: ein beliebiger Gegenstand
Wirkung: konsolidierend

Weder seine Schönheit noch sein Wert zählt. Es kann ein ganz banaler Gegenstand sein. Wenig dekorativ, kaum nützlich. Fast ohne Interesse. Sie haben ihn aus Nachlässigkeit behalten, als ob er sich in einer Schrankecke versteckt hätte. Vielleicht haben Sie ihn von Angehörigen geschenkt bekommen – einem Ihrer Kinder, einem Elternteil. Einer einstigen Liebe. Vielleicht ist er auch die Erinnerung an eine Reise, Zeuge eines Lebensabschnitts. Anfangs haben Sie ihm wenig Aufmerksamkeit geschenkt. Er war kein Gegenstand, den Sie sonderlich geschätzt haben. Vielleicht konnten Sie sich noch nicht einmal genau erinnern, woher er kam und mit welchem Ereignis Ihres Lebens er zu tun hatte.
Und dann hat Sie dieser Gegenstand von zweitrangiger Bedeutung durch die Jahre begleitet. Ohne dass Sie jemals eine Entscheidung getroffen haben,

gehörte er zu den Dingen, die Sie weder weggeworfen noch verkauft oder verschenkt haben. Er folgte Ihnen von Wohnung zu Wohnung auf Ihrem mehr oder weniger komplizierten Lebensweg. Eines Tages ist Ihnen seine Geschichte wieder eingefallen. Plötzlich wussten Sie wieder, mit wem und mit was er verbunden war, und Sie haben es nicht wieder vergessen. Eine gewisse Sentimentalität der Gewohnheit hat sich eingestellt. Sie empfinden eine Art Dankbarkeit dem Gegenstand gegenüber, einfach weil er bei Ihnen ausgeharrt hat.

Heute gehört er, obwohl Sie weder Fetischist noch abergläubisch sind, zu den Dingen, an die Sie Ihr Herz gehängt haben. Sie wären böse, wenn er zerbräche, traurig, wenn er verloren ginge. Sie unterhalten zu dem Gegenstand eine liebevolle, dauerhafte, letztlich tröstliche Beziehung. Vielleicht werden Sie eines Tages, wenn Sie sehr schwach, krank, alt sind und wenn Sie im Sterben liegen, wenn Sie das Gefühl haben, in einen bodenlosen Abgrund zu fallen, diesen alten Gegenstand in die Hand nehmen und sich an ihn klammern, als wäre er der Strohhalm, der verhindert, dass Sie vollends versinken. Wer weiß?

90 Ein Loblied auf den Weihnachtsmann anstimmen

Dauer: rund 10 Minuten
Material: ein Publikum
Wirkung: verjüngend

Nicht mehr an den Weihnachtsmann zu glauben gilt als ein Zeichen der Reife. Vorbei die Zeit, in der man leichtgläubig war, in der man sich was vormachen ließ, die Zeit der Schwachheit, in der man Ihnen Gott weiß was erzählen konnte. Das haben Sie schon lange hinter sich. Heute sind Sie stark, erwachsen, misstrauisch, desillusioniert, auf jeden Fall so in sich gefestigt, dass Sie sich nicht mehr zum Narren halten lassen!

Sind Sie sicher? Ist es wirklich so einfach? Glauben Sie, dass Sie dabei nur gewonnen haben? Sicherlich sind Sie selbständiger geworden, vielleicht auch vernünftiger. Aber Sie haben auch Träume verloren, Hoffnungen, Horizonte. Der Weihnachtsmann und alles, was mit ihm zusammenhing, hat Ihnen erlaubt, einige Bruchstücke der verzauberten Welt zu bewahren. Der gute Mann mit seinem roten Gesicht und seinem bärbeißigen Zauber, das war vertraute Welt und Feenreich zugleich, Paradies und Pailletten, eine jenseitige Welt, die traulich und tröstlich war. Natürlich wollten Sie sie damals hinter sich lassen, aufgeklärt sein. Doch vielleicht ist das nie ganz möglich.

Der Weihnachtsmann kehrt immer wieder, weniger gutmütig, scheinbar eloquenter, weniger naiv. Man träumt weiter. Doch nun im Namen der Wissenschaft oder der Revolution oder des Erfolgs. Man träumt also in dem Glauben, nicht mehr zu träumen. Vielleicht würden wir besser fahren mit dem Mann im roten Mantel und seinem Rentierschlitten. Lassen Sie sich also auf das Experiment ein, sein Loblied in der Öffentlichkeit zu singen. Vor Freunden oder vor Leuten, die Sie nicht kennen. Erklären Sie, es sei eine Schande, dass der Weihnachtsmann nicht mehr Anerkennung finde, man könne nur hoffen, dass es ihn wirklich gebe. Sie hofften im Übrigen auf eine große internationale Studie mit einer Kommission aus objektiven Fachleuten, weil es schließlich eine Reihe von nachdenklich stimmenden Fakten gebe.

Erinnern Sie daran, dass der Weihnachtsmann ein Wohltäter der Menschheit ist, dass er seit Jahr und Tag vielen Millionen Kindern Spielzeuge und Träume bringt. Weisen Sie darauf hin, dass seine Herrschaft noch nicht lange währt und gefährdet ist.

1951 wurde sein Bildnis von Katholiken in Dijon verbrannt, weil er sich der Seelen zu einem Zeitpunkt des Jahres bemächtigte, wo nur Jesus Christus in ihnen wohnen sollte.

Legen Sie genügend Wärme, Überzeugung und Nachdruck in Ihre Worte. Seien Sie so glaubhaft wie möglich. Das Ziel dieses Experiments liegt nicht darin, jemanden zu beeinflussen. Es genügt, wenn Sie beobachten, dass die Reaktionen auf dieses Lob des Weihnachtsmannes Ihre Zuhörerschaft unausweichlich in zwei Lager spaltet. Die einen zucken die Achseln, finden Sie töricht oder dreist und weigern sich, Ihnen weiter zuzuhören. Die anderen lassen sich auf das Spiel ein, schlagen ein Komitee zur Verteidigung des Weihnachtsmanns vor und geloben, fortan den Kamin zu fegen. Noch ist nicht alles verloren.

91 Mit einem Kind spielen

Dauer: 30 bis 40 Minuten
Material: unterschiedlich
Wirkung: desorganisierend

Am verblüffendsten ist es mit einem Kind, das noch nicht oder erst wenig spricht. Beispielsweise zwischen ein und zwei Jahren. Auf jeden Fall unter drei. Wählen Sie ein Spiel, das es gut kennt, das es beherrscht, in dem es sich auskennt, und lassen Sie es machen. Sie müssen ihm nur folgen, sich in das Spiel hineinziehen lassen. Auf seine Art, nicht auf Ihre. Akzeptieren Sie die Wiederholungen ohne Ende, den Wildwuchs der Regeln, die Wartezeiten, die Aufregungen, deren Ursachen Ihnen unklar bleiben. Das Experiment besteht zunächst darin, dass Sie in die Spielwelt des Kindes eintreten und, so weit wie möglich, das normale Erwachsenenuniversum hinter sich lassen.
Mit mehr oder weniger Mühe, mehr oder weniger Eifer, nachgiebig oder streng, je nach den Umständen, werden Sie ein Teil der kindlichen Spielwelt. Sicherlich wird Ihnen das nur teilweise gelingen.

Das ist unvermeidlich. Im Übrigen geht es nicht darum, nur passiv zu sein, sondern zum aktiven Teilnehmer dieser Welt zu werden, so verwirrend das gelegentlich auch sein mag.
Beobachten Sie anschließend, wie sich die Rückkehr in die normale Welt auswirkt. Sie sind der zentrale Gegenstand des Experiments. Wenn Sie sich gewissenhaft auf die Situation eingelassen haben, wenn Sie die Kontinuität Ihres eigenen Denkens (inkompatibel mit der Spielwelt des Kindes) gründlich und lange genug unterbrochen haben, ist es sehr wahrscheinlich, dass Sie den Anschluss an die normale Welt nicht sofort finden. Falls Sie diesen Augenblick des Verlustes, der Verwirrung, der mühsamen Anknüpfung an das Gewohnte erleben, so ist er der interessante Teil des Experiments.
Als habe der Eintritt in die Spielwelt des Kindes, auch wenn er nur kurz und unvollkommen war, Ihre Grundstrukturen so durcheinander gebracht, dass eine gewisse Zeit der Sammlung unerlässlich ist. Diese Wiederherstellung Ihrer Persönlichkeitsstruktur kann einige Zeit dauern. Unter Umständen fällt Ihnen nicht sofort wieder ein, was Sie tun wollten, was Sie beschäftigt und was Ihnen Freude macht. Sie sind das Opfer einer Art innerer Desorganisation. Und alles wieder an seinen Platz zu bringen, verlangt eine Form der Anstrengung, zu der Sie nicht sofort in der Lage sind.

Vielleicht führt Ihnen dieses Experiment vor Augen, wie schmal und gefährdet der Bereich ist, den Sie als Ihren »normalen« Geisteszustand ansehen.

92 Dem reinen Zufall begegnen

Dauer: 2 Sekunden
Material: Spielkasino oder etwas Ähnliches
Wirkung: abenteuerlich

Sie haben Geld gesetzt. Es handelt sich um ein reines Glücksspiel. Keinerlei Kompetenz erforderlich, kein Eingreifen möglich. Allerdings sollten Sie am Ergebnis interessiert sein. Der mögliche Gewinn muss Gewicht haben, in der Lage sein, wenn Sie ihn denn nach Hause tragen, Ihr Leben merklich zu verändern. Sie können also mit einigem Recht behaupten, dass der weitere Verlauf Ihres Lebens auf dem Spiel steht. Was Sie morgen sein werden, hängt in hohem Maße von Faktoren ab, die sich Ihrem Einfluss entziehen – dem Weg einer Kugel auf dem Roulette, dem Erscheinen einer Karte auf grünem Filz oder der Aneinanderreihung einiger Bildzeichen in der Anzeige eines Automaten.
Gegenstand des Experiments ist der Umstand, dass eine Situation dieser Art ohne jede Bedeutung ist. Es steht fest, dass Sie gewinnen oder verlieren werden.

Die Wahrscheinlichkeit, dass Sie verlieren, ist aber viel größer. Und doch sind Ihre Aussichten zu gewinnen nicht gleich null. Die Chancen sind berechenbar. Aber beide sind absolut sinnlos. Das ist am schwierigsten zu begreifen.
Finanziell betrachtet, wird sich entweder nichts ändern oder Sie werden reich werden. Doch diese verschiedenen Zukunftsaussichten hängen allein vom Zufall ab – ohne Sinn und Absicht. Der Ausgang hat nichts mit Ihren Verdiensten oder Versäumnissen zu tun. Sie sind dem Zufall ausgeliefert, abhängig von einer anonymen und ziellosen Willkür. Ob Sie gleich gewinnen oder verlieren, hat nicht das Entfernteste mit einer Form von Gerechtigkeit zu tun.
Natürlich versuchen Sie, diese Leere mit allen möglichen Erklärungen, mit flehentlichen Wünschen, Hoffnungen, Berechnungen, magischen Vorstellungen aller Art zu füllen. Es gehört große Seelenstärke dazu, um einen Augenblick lang der Tatsache, dass unser Leben totaler Sinnlosigkeit ausgeliefert ist, klar und ehrlich ins Auge zu blicken. Wären wir groß, müssten wir es wohl ständig können.

93 Auf die Knie gehen, um das Telefonbuch herzubeten

Dauer: genau 15 Minuten
Material: ein Telefonbuch, nach Möglichkeit alt
Wirkung: ehrfurchteinflößend

Wer die festen Formeln liebt, wird nicht müde, es zu wiederholen: Führt die Gesten aus, der Glaube kommt von alleine. Geht auf die Knie, sagt die Bekenntnisse auf, die Frömmigkeit stellt sich schon ein. Das mag zwar den Menschen gegen den Strich gehen, die wirklich glauben, ist aber sicherlich nicht ganz unbegründet. Davon können Sie sich durch das folgende Experiment überzeugen.

Nehmen Sie sich einige Tage lang fünfzehn Minuten täglich Zeit, immer zum gleichen Zeitpunkt. Lesen Sie während dieser Viertelstunde immer die gleiche Anzahl von Seiten laut aus dem Telefonbuch vor. Sprechen Sie deutlich, Zeile um Zeile, Namen, Vornamen, Adressen und Nummern. Nehmen Sie nach Möglichkeit ein älteres Telefonbuch, das ist aber nicht unbedingt erforderlich. Es ist jedoch von Vorteil, wenn es sich um einen Text handelt, der jeder

Nützlichkeit entkleidet und durch sein Alter gewissermaßen geadelt ist.
Versuchen Sie nicht, Ihren Vortrag mit einem Sinn auszustatten. Befreien Sie sich von der Vorstellung, dass Sie den Geist der Telefonzentralen für die verstorbenen Teilnehmer anrufen oder dass Sie durch Ihr Gebet die kosmische Vermittlung herstellen könnten. Nein. Tag für Tag lesen Sie fünfzehn Minuten lang auf den Knien ein paar Seiten aus dem Telefonbuch vor. Mehr nicht. Das nennt sich Andachtsübung. Alles andere ist Interpretation und Auslegung.
Was könnten Sie von diesem Experiment haben, abgesehen von gelegentlichen Schmerzen in den Knien? Die außerordentliche Kraft dieser absurden Zwänge, die bizarre Faszination, die sie ausüben, die Macht, die man ihnen unwillkürlich zuschreibt. Denn die Wahrscheinlichkeit ist groß, dass Sie damit nicht fortfahren können, ohne sich eine Erklärung zurechtzulegen. Vermutlich werden Sie sich einige Gründe für Ihr Verhalten zurechtlegen. Und wenn Sie es zum Scherz tun, Sie werden sich einen Mythos zusammenbasteln, der eine Erklärung für Ziel und Zweck dieser Lesung liefert.
Wenn es Ihnen nicht gelingt, damit aufzuhören, dann gründen Sie doch eine Sekte.

94 An das denken, was die anderen machen

Dauer: 10 bis 15 Minuten
Material: keines
Wirkung: auflösend

Sie sind einen Augenblick allein. Zu Recht oder Unrecht lastet die Einsamkeit auf Ihnen. Sie fühlen sich vom Rest der Welt abgeschnitten. Das ist natürlich unbegründet. Um eine Ahnung davon zu bekommen, wie sehr Sie sich irren, fragen Sie sich zunächst, was in diesem Augenblick ihre Angehörigen machen, ihre Familie, die Freunde. Malen Sie sich auch ihre räumliche Anordnung aus. Sind sie im Verhältnis zu dem Punkt, den Sie gegenwärtig einnehmen, vor Ihnen? Hinter Ihnen? Rechts? Links? Höher? Tiefer? Stellen Sie sich ihre relativen Entfernungen vor. Vergegenwärtigen Sie sich verschiedene Blickwinkel, Silhouetten, die genauen Gesten. Vergrößern Sie nun nach und nach Ihr Blickfeld. Führen Sie die Menschen ein, mit denen Ihre Angehörigen und Freunde zusammen sind.
Malen Sie sich aus, was alle diese Menschen in ihren Dörfern oder Stadtvierteln tun. Wie sie arbeiten, re-

den oder umherlaufen. Wie viele schlafen in diesem Augenblick? Betrachten Sie die Frage unter globaler Perspektive. Welcher Prozentsatz der Menscheit gähnt in genau diesem Augenblick? Schneidet sich die Nägel? Windet sich in Schmerzen? Erwacht lächelnd? Isst Suppe? Brüllt vor Freude? Langweilt sich zu Tode? Wie viele spielen gerade Klavier? Hören Bach? Fliehen vor der Polizei? Treten aus einer Bibliothek hinaus? Sitzen in einem Flugzeug? Wischen sich den Hintern ab, waschen sich die Hände, putzen sich die Zähne oder die Nase? Wie viele weinen und wie viele lachen? Sprechen vor einer Zuhörerschaft? Hören zu? Versuchen, sich das Leben zu nehmen?

Wie viele stellen sich in diesem Augenblick die gleichen Fragen?

95 Überall Theater spielen

Dauer: einige Stunden bis einige Jahre
Material: keines
Wirkung: antidepressiv

Die Augenblicke, in denen wir uns niedergeschlagen fühlen, sind zugleich diejenigen, in denen wir zu der Überzeugung gelangen, dass das Leben ernst, die Welt real und das Wort wahr ist. Sich gegen diese ärgerliche Regung zu wehren, ist glücklicherweise nicht allzu schwierig. Unter Umständen genügt es, zumindest am Anfang, jede Situation in eine Komödienszene zu verwandeln. Diese Metamorphose betrifft nicht nur Ihre innere Wahrnehmung der Ereignisse. Sie muss auch Ihre Stimme, Ihre Mimik, Ihre Sätze verändern, sogar das objektive Geschehen.
Beispielsweise gehen Sie heute Morgen nicht zur Bäckerei und dann zur Post, um nacheinander ein Baguette und Briefmarken zu kaufen, sondern Sie beginnen damit, dass Sie die Bäckerei als strahlender Kunde betreten. Achten Sie darauf, wie Sie die Tür aufstoßen (die Armbewegung lebhaft, aber nicht zu heftig). Legen Sie sich Ihre Stimme zurecht zu einem

schmetternden »Guten Morgen«, dem Guten Morgen eines Kunden, der kommt, um sein wunderbares Baguette zu kaufen. Verlangen Sie es, bezahlen Sie, stecken Sie das Wechselgeld ein, immer noch strahlend, sagen Sie »Auf Wiedersehen«. Achten Sie dabei stets darauf, was Sie tun, wie Ihre Gesten ausfallen, dass Sie sich mit sieghaftem Schritt zur Tür wenden. Selbst das angedeutete, komplizenhafte Lächeln ist berechnet, das Sie der Dame zuwerfen, die, wenn Sie sie richtig einschätzen, ein Toastbrot und zwei Blätterteigpasteten kaufen wird.
Anschließend haben Sie dreieinhalb Minuten Zeit, eine andere Rolle einzustudieren, die des anonymen Briefmarkenkäufers, der schüchtern eine unbekannte Poststelle betritt, ein bisschen ängstlich und in Unkenntnis der Gepflogenheiten. Vielleicht hat er zu lange im Ausland gelebt oder kommt gerade aus dem Krankenhaus. Jedenfalls wirkt er ein wenig unsicher, nahezu schuldbewusst, das Baguette ungeschickt an sich gedrückt, das ihn stört, er findet es hinderlich, fast ungehörig, vermag es nicht zu verbergen und ist peinlich berührt.
Und so fort. Einen schönen Tag noch!

96 Leute in Gedanken umbringen

Dauer: 15 bis 20 Minuten
Material: keines
Wirkung: erleichternd

Was die Sitten anbelangt, so ist das Verbot von Mord und Totschlag sicherlich keine schlechte Sache. Denkt man allerdings an die große Zahl von Gemeinheiten und Dummheiten, die nun gefahrlos begangen werden können, so hat diese Regelung auch erhebliche Nachteile. Wenn Sie also auf ein hirnloses, bösartiges, charakterloses oder unsympathisches Individuum so richtig wütend sind, zieren Sie sich nicht, sondern führen Sie ein Experiment durch: Stellen Sie sich klar und deutlich vor, wie Sie ihn umbringen.
Wählen Sie den Zeitpunkt, den Ort, die Modalitäten wie Waffen oder Hilfsmittel. Werden Sie sich über alle Optionen klar: ein Mord, den Sie selbst begehen oder mit dem Sie andere beauftragen, in Ihrer Anwesenheit oder nicht, mit oder ohne vorherige Folter, mit oder ohne Blutvergießen. Malen Sie sich die verschiedenen Szenen in allen Einzelheiten aus. Spa-

ren Sie auch nicht den zukünftigen Leichnam aus. Schmücken Sie das Geschehen aus, raffiniert und erbarmungslos. Ohne Scheu vor besonderen Vorlieben und Wiederholungen, vor Horrorgeschichten, Blutbädern und sadistischen Exzessen. Üben Sie sich darin, in Ihren Gedanken lange bei diesen Morden zu verweilen und sie weidlich auszukosten.
Haben Sie keine Angst, dass Sie verderbliche Neigungen in sich wecken, die Sie möglicherweise auf die schiefe Bahn des Lasters bringen könnten. Wenn Sie Ihren Nächsten in Gedanken töten, sind Sie deswegen noch kein Krimineller. Im Gegenteil. Je rückhaltloser Sie dieses private Vergnügen akzeptieren, je weniger Sie sich deswegen schämen oder schuldig fühlen, desto besser werden Sie, nachdem Sie sich fiktiv gerächt haben, in der Lage sein, das Grundrecht Ihres Nachbarn auf Leben und Unversehrtheit seiner Person zu respektieren – dieses Dreckschwein …

97 Die Metro nehmen, ohne ein Ziel zu haben

Dauer: rund 1 Stunde
Material: eine Metro
Wirkung: vergegenwärtigend

Die Nahverkehrsmittel sind funk-tio-nell. Sie nehmen sie in Anspruch, um von einem Ort zum anderen zu gelangen. Das ist alles. Nützlichkeit und nicht Vergnügen regiert ihre Verwendung, selbst wenn die Beförderung Ihnen Vergnügen macht (weil Sie sich freuen, in die Ferien zu fahren oder Suzon wiederzusehen) oder angenehm ist (bequem, schnell et cetera). Sie sind da, um sich fahren, kutschieren, fliegen zu lassen. Aber man erwartet nicht von Ihnen, dass Sie Anschauung betreiben, dass Sie gekommen sind, um zu sehen, was sich zuträgt.
Versuchen Sie es. Nehmen Sie »Ortsveränderungen« vor, nehmen Sie die Beförderungsmittel in Anspruch, ohne sie zu verwenden. Desinstrumentalisieren Sie die Welt einen Augenblick lang. Verbringen Sie beispielsweise eine Stunde in der Metro, einfach, um sich dort aufzuhalten. Sie steigen in einen Zug, fahren eine Station weit, steigen um. Ent-

scheidend ist, dass Sie nirgendwo hinfahren, dass keine bestimmte Strecke der Grund Ihrer Anwesenheit oder der Zweck Ihrer Fahrt ist. Sie sind hergekommen, um hier eine Stunde zu verbringen, um zu gucken, das ist alles.

Die Wahrscheinlichkeit ist groß, dass Ihnen diese elementaren Ortsveränderungen mehr Erkenntnisse über andere, sich selbst und nebenbei auch die Metro bescheren, als Sie sich träumen lassen. Fragen Sie sich beispielsweise, ob es wahrscheinlich ist, dass Sie zu dieser Stunde der einzige Mensch sind, der in der Metro ist, um in der Metro zu sein. Ist es umgekehrt denkbar, dass sich alle Leute, die hier umhergehen, einsteigen, aussteigen und sich wie normale Fahrgäste benehmen, tatsächlich aus dem gleichen Grund anwesend sind wie Sie – einfach um zu schauen? Sollte diese Hypothese zutreffen, versteht sich von selbst, dass die Funktion der öffentlichen Nahverkehrsmittel nur ein Vorwand ist, ein Alibi für eine Heerschar von Ästheten, die schüchtern oder scheinheilig sind.

Da sich diese Möglichkeit mit Sicherheit weder verifizieren noch falsifizieren lässt, ist es Ihnen gestattet, Ihre Beobachtungen regelmäßig und methodisch in Notizheften aufzuzeichnen. Auf diese Weise können Sie die Ratlosigkeiten miteinander vergleichen, die die unterirdischen Netze verschiedener europäischer und nicht europäischer Großstädte erzeugen.

98 Die Uhr ablegen

Dauer: endlos
Material: eine Uhr
Wirkung: verwirrend

Ermitteln Sie zunächst den Grad Ihrer Abhängigkeit. Schauen Sie dreimal am Tag auf die Uhr? Viermal in der Stunde? Sehr viel häufiger? Wahrscheinlich haben Sie keine Ahnung und liegen völlig falsch mit Ihren Schätzungen. Beginnen Sie das Experiment mit objektiven Messungen. Wenn Sie mindestens alle Viertelstunde zur Uhr schauen, ist dieses Experiment für Sie bestimmt.

Es besteht darin, so »normal« wie möglich weiterzuleben, nachdem Sie Ihre Uhr abgenommen haben. Fangen Sie mit einem relativ kurzen Augenblick an, in dem Sie Ihre Zeit nicht genau einteilen müssen. Etwa mit einem Nachmittag zu Hause, einem Ruhetag. Unternehmen Sie dann nach und nach kühnere Versuche, zum Beispiel mit einem Abend außer Haus oder einer geschäftlichen Verabredung. Im Prinzip sollten Sie keinerlei einschlägige Hilfsmittel in Anspruch nehmen – Reisewecker, Küchenuhr, Normaluhr, Parkuhr oder die Zeitangabe auf Ihrem

Computer. Vielmehr müssen Sie sich in dem verwirrenden Schwebezustand ohne Zeitangabe einrichten.

Sie lassen sich auf die ungewohnte Nacktheit Ihres Handgelenks ein und auf das leichte Schwindelgefühl, nicht mehr zu wissen, woran Sie sind mit … ja, womit eigentlich? Der Sicherheit, die die Zeitmessgeräte geben? Den Alibis der Pünktlichkeit? Sie verspüren, unterschiedlich deutlich und von unterschiedlicher Dauer, einen Anflug von Unbehagen. Die Welt ist nicht normal. Sie ist aus dem Tritt, verschwommen, nicht richtig gestellt.

Wenn Sie nicht aufgeben, wenn Sie üben und sich an die Situation gewöhnen, werden Sie eine andere Form der Zeitwahrnehmung entdecken. Innerlich und lebendig, entspannt, genau, ohne verkrampft zu sein. Es wird Ihnen gelingen, die Zeitpunkte innerlich exakt zu bestimmen, ohne darüber nachzudenken. Dann können Sie versuchen, sich über die – höchst relative – Form von Gewalt und Zwang klar zu werden, die von Zifferblättern, Zeigern und Zeitplänen ausgeübt wird.

99 Schwätzer ertragen

Dauer: einige Minuten
Material: Unterhaltung
Wirkung: erholsam

Sie sind unerschöpflich, weitschweifig, nicht zu stoppen. Sobald sie Sie erwischt haben, egal wo – in einer Tür, einem Flur, bei einem Abendessen –, lassen sie Sie nicht mehr aus den Fängen. Was sie sagen, ist vollkommen uninteressant, aber sie müssen es Ihnen unbedingt mitteilen. Die Schwätzer sind eine Geißel der Menschheit. Wie soll man ihnen entkommen? Indem man lernt, nicht zuzuhören. Dazu bedarf es einer gewissen Übung. Es gelingt sicherlich nicht sofort. Sie brauchen einige Geschicklichkeit, die Sie nicht auf Anhieb erwerben können. Während der Schwätzer auf Sie einredet, versuchen Sie, dem Gespräch so wenig wie möglich zu folgen. Im Idealfall gelingt es Ihnen, praktisch gar nichts mehr zu hören. Mit ein bisschen Übung werden Sie überhaupt nicht mehr mitbekommen, wovon Ihnen die Schwätzer erzählen. Die eigentliche Herausforderung besteht natürlich darin, dass niemand es bemerkt. Das Experiment stellt Sie also vor die Auf-

gabe, sich innerlich so vollständig wie möglich vom Gespräch abzulösen, ohne dass Ihre Abwesenheit zu bemerken ist.
Lassen Sie Ihren Blick nie leer werden oder schweifen, sondern schauen Sie Ihrem Schwätzer direkt in die Augen, mit einer Miene, die so aufmerksam und interessiert ist wie möglich (leicht amüsiert oder ernst und traurig, je nachdem, was Sie am Anfang von seinem Redeschwall aufgeschnappt haben). Nicken Sie regelmäßig und bedeutsam mit dem Kopf. Stoßen Sie von Zeit zu Zeit ein kurzes Grunzen aus, gewissermaßen als Interpunktion. Übertreiben Sie es jedoch nicht. Schalten Sie um auf automatisches Zuhören: Ohne besondere Mühe und Aufmerksamkeit können Sie dem Rhythmus und der Satzmelodie der Schwätzerei folgen. Mit ein bisschen Übung bekommen Sie mit, wann er eine Pause macht und wann sich eine Gelegenheit ergibt, um einen Einwurf zu machen: »Und dann?«, »Wahnsinn!« oder »Das hätte ich nie gedacht«. Wenn erforderlich, vor allem um das Gespräch zu beenden (oder um das Thema zu wechseln, bevor Sie endgültig einschlafen), hören Sie sich zwei oder drei Sätze an und stellen eine Frage.
Versuchen Sie, diese Fähigkeit im Laufe der Zeit zu vervollkommnen. Bis zu dem Tag, an dem Sie in der Lage sind, ein langes Treffen mit einem Schwätzer so

zu gestalten, dass er entzückt ist über die Aufmerksamkeit, die Sie ihm schenken. Zum Altruismus braucht es also nicht viel.

100 Nach einer Party aufräumen

Dauer: 1 oder 2 Stunden
Material: eine Party zu Hause
Wirkung: unterschiedlich

Die letzten Gäste sind gerade gegangen. Alle schienen zufrieden zu sein. Es gab seltsame Augenblicke, herzliche Gesten, Wiedersehen. Kerzenschein und Freunde, flüchtige Geschichten und komplizierte Herzensangelegenheiten. Musik, Lieder, improvisierte Spiele. Der Wein war gut, das Fleisch auch. Jeder hat etwas davon gehabt, und wie immer gab es zu viel zu essen. Kurzum, es war eine gelungene Party.

Jetzt ist das Haus voller leerer Teller, halb voller Gläser und überquellender Aschenbecher. Neben den Tellerstapeln türmen sich die Tassenstöße. Die Küche sieht aus wie nach einem Tornado, der Kühlschrank wie nach einem Einbruch. Sie haben weder eine Haushälterin noch Kellner oder eine Putzfrau. Es ist spät, und Sie haben reichlich getrunken. Was tun?

Es gibt zwei Denkschulen, die zwei grundverschie-

dene Auffassungen von der Welt, der Existenz und ihrem Verhältnis zur Zeit repräsentieren.
Die Vertreter der augenblicklichen Bereitschaft sind der Auffassung, man müsse die Hände unverzüglich in Sahne und Soße tauchen, das Geschirr in heißem Seifenschaum einweichen, den Müll runterbringen und alles wieder an Ort und Stelle räumen. Die Nachteile liegen auf der Hand: Man muss seine müden Knochen in Bewegung setzen, die letzten Kräfte zusammenraffen. Vorteile: Alles ist sauber und aufgeräumt, wenn man aufwacht.
Die Anhänger der glückseligen Nachlässigkeit schicken uns schlafen oder uns amüsieren, ohne vorheriges Aufräumen zu verlangen. Da sie keine Hygieniker sind, schwören sie auf die besondere Art der Befriedigung, die der zeitweilige Fortbestand der Partyspuren gewährt, ihre friedliche Reifung, ihre Monumentalität und das Vergnügen, das die Erinnerung bereitet, wenn man sie am nächsten Morgen beseitigt.
Die beiden Schulen sind unvereinbar. Ihre Anhänger haben schon seit langer Zeit jede Form des Dialogs aufgegeben. Noch niemandem ist das Experiment gelungen, sie miteinander zu versöhnen.

101 Sich auf die Suche nach der minimalen Liebkosung begeben

Dauer: unbestimmt
Material: wenig
Wirkung: göttlich

Liebkosungen sind moralisch. Weil sie nichts Natürliches an sich haben. Es ist unmöglich, sie in eine Definition oder auch nur in einen gegebenen Raum einzuschließen. Eine Liebkosung existiert nur an der Grenze zur Bewusstlosigkeit. Ihre Existenzweise ist die fortgesetzte Diskontinuität einer dauerhaften Flüchtigkeit. Unablässig konstituiert sie sich am Rande des Verschwindens, lebt von der Leere, lässt schillernd die Grenze aufleuchten. Mit Nachdruck ausgeführt, ist sie keine Liebkosung mehr. Sie wird zur Massage, zur sexuellen Stimulation – zu durchaus achtbaren Tätigkeiten, die aber keine Liebkosungen mehr sind. Ohne Berührung hebt sie sich selbst auf.
Das Experiment besteht darin, die kleinstmögliche Liebkosung – ungleich null – zu finden. Tatsächlich ist die Liebkosung umso wirksamer, je schwächer sie

ist. Umso köstlicher, je minimaler sie ist. Wenn es ihr gelingt, im Zutagetreten fortzudauern, am Rande der Aufhebung, auf dem Grenzverlauf zwischen dem Sein und dem Nichts.
Die minimale Liebkosung ist in ihrer Wirkung grenzwertig, unendlich. Sie müssen Ihr Leben der Aufgabe widmen, sie partiell zu erfassen. Insbesondere sollen Sie ihre Folgen vergleichen, je nachdem, ob bestimmte Zonen des Gesichts, des Rückens, des Bauchs oder des Geschlechts berührt werden. Nicht weniger wichtig ist es, die Unterschiede zu registrieren und zu analysieren, die die Wirkung der minimalen Liebkosung hervorruft, wenn sie sich selbst, einem anderen oder von einem anderen Ihnen zugedacht wird.
Es sei Ihnen ebenfalls ans Herz gelegt, auf die subtilen Zusammenhänge zu achten, die zwischen minimaler Liebkosung und monumentaler Ekstase bestehen. Hier verläuft zweifellos eine für die europäische Geschichte maßgebliche Grenze. Auf der einen Seite die Vorschrift dessen, der, nach christlichem Glauben verklärt, einen glorreichen Körper besitzt: Noli me tangere (»Rühr mich nicht an«). Auf der anderen Seite die surrealistische Nachkriegsformel: Bitte berühren!

Register der Dauer

Nicht quantifizierbar

Quantifizierbar

Register der Dauer

Quantifizierbar

Register der Dauer

Quantifizierbar

Register der Materialien

Register der Materialien

Register der Materialien

Register der Materialien

Register der Materialien

Register der Wirkungen

Register der Wirkungen

Register der Wirkungen

Register der Wirkungen

Danksagung

Vor allem möchte ich mich bei all den Menschen bedanken, die sich um die materielle Gestaltwerdung des Manuskripts verdient gemacht und die mir bei seiner Beurteilung geholfen haben: Yvette Gogue, die die erste Version getippt hat, und meiner Schwester Irène, die sich um die Schlussfassungen gekümmert hat.
Mein Dank gilt auch all den Freunden, die diese Texte ganz oder teilweise gelesen und mir ihre Anmerkungen und Anregungen haben zukommen lassen: Paul Audi, Dominique und Jean-Toussaint Desanti, Dominique-Antoine Grisoni, Roland Jaccard, François Rachline, Jean-Philippe de Tonnac.
Verpflichtet bin ich George Robertson für seine Gastfreundschaft und Jacqueline Swartz für ihre Unterstützung.
Von unschätzbarem Wert für die Entstehung dieses Buches war die unermüdliche Freundlichkeit meiner Tochter Marie.